本书编委会成员

总策划：陈颂清

策　划：马笑虹

主　编：高　渊　张　玮　尤莼洁　秦　红

编　辑：洪俊杰　张　杨柳　森　李宝花　章迪思　许　莺　陈抒怡　谢飞君

图片整理：孙欣悦　邵　竞

申喉 4855 世态 上海观察◎编

上海三联书店

目录

48
55

一公务员一

公务员:这一年少掉的福利　朱君里_3

80后公务员自述:我为什么辞职　一铭_7

不要粗暴打断公务员的声音　曹林_11

"公务员养老"的千层浪　上官粤_16

老外看上海:失色公务员　帕提·沃德米尔_21

日本公务员自述:不比中国同行好　朱一飞_24

为公务员工作孤注一掷,结果……　zy_28

德国公务员:职业声望垫底　刘丽荣_32

上海公务员:开会的学问　马料水_36

上海公务员:怎样记录领导讲话　驰恒_40

上海基层公务员:漫漫升职路　马料水_44

什么样的人会考上海公务员?　车公庙_48

香港公务员的晋升之路　陈振宁_52

沪公务员选调:我想二次择业　马料水_56

机关实习生的三个秘密　恒驰_60

怎样给区委书记当"秘书"?　朱慎_63

公务员:接领导电话,压力真很大　郑坚白_67

我们该怎么为官员打气　洪巧俊_71

公务员:我的工资有多少?该多少?　严廷修_74

上海公务员:车改对我的影响　关欣鹏_78

48
目录
55

【民生】

"年入70万不够用"算哪门子危机　别问我是谁_85
城市中产:为何焦虑?如何消费?　吴小明_92
年入70万,美国中产很难过　可言_97
上海好在哪?"知乎"的780个回答　德彪_102
卖花老太:上海衣襟上的白兰花　李默　李齐
屈伯禹_108
的哥心声:上海"名片"为何蒙尘　长路_114
上海,其实不想走其实我想留　张梦麒_118
学区房、拼爹:美国择校记　可言_122
从上海"白骨精"到美国全能主妇　张梦麒_126
一个皮孩子所经历的中美教育　可言_133
美国公校私校大PK　张梦麒_139
上海学生有多苦,CNN哪知道　王奋_144
上海"四大名校"的明争暗斗　草间虫_149
香港内地生:理解状元不选港大　晓波_153
三年级的分水岭,我如此纠结　小路_158
名校家长微信群里的"明争暗斗"　玖桂_166
揭秘沪上名校小升初面试　思凡_170
沪上十大牛初中变迁史　思凡_174
沪上名校的那些"奇葩"面试题　思凡_180
为什么要让孩子学琴,你想过吗?　小路_184
家长来信:我为什么坚持散漫教育观　言无序_190
我在毛坦厂中学复读那一年　UC_195
农村学生:考大学不再是鲤鱼跳龙门　长路_201
语文老师,为何躺枪的总是你　邢春_206
独立教师:辞职变成自己想成为的人　王宏_211
尴尬的35岁,再就业如何逆袭?　卜依_217
90后:我为何降薪离开著名外企　香蕉_222

一个主任医生眼中的医患矛盾　雨霁天青_227

"大牛医生"不好当　慕函_232

医生自述：角膜捐献，无尽的等待　陈庆中_235

二孩放开，女性求职会更难吗？　彭晓芸_240

放开二孩，决策者在考虑什么　启石_245

中国和加国，哪里看病更难？　十一月花_249

美国看急诊，钱包比病更着急　张梦麒_255

公务员

公务员:这一年少掉的福利 | 朱君里

"至今一本台历也没收到，习大大厉害的。"这是一位朋友发在微信朋友圈的话，结果引来一大串"我也是"的跟评。仔细一想，离 2014 年只剩几天时间了，往年我收到的台历少说也有七八本，今年却只收到了一本外资公司寄来的"独苗"台历。

八项规定，威风不小。别说那些官老爷们了，就连我这样的基层小公务员，也感受到了规定的强劲之风，福利少了不是一点点，台历绝对只是其中的一个小角色。

最大的一笔"损失"，是 3000 元的活动奖励费。这个奖励费是前两年开始有的，只要市里接手主办一定级别的大型赛事活动，这笔钱就会发。这不，刚刚连续发了两三年呢，然后八项规定来了，然后就没有然后了。

接下去，疗休养也没了。虽然每年我们的疗休养都和爱国主义教育紧密联系在一起，不是去这个根据地，就是去那个纪念堂，但大家能一起出去走走看看，还是挺开心的。如果实在去不了，单位也会补偿 3000 元的疗休养费用。不用说，今年哪也别去了。

一年一度的年会也没了。往年开年会，都有表彰、奖励，还有抽奖。如果运气好，抽个千把元的手机大奖也不是完全不可能。但因为八项规定，不仅年会取消，说好的年夜饭都临时退订了，大伙儿那个惆怅啊，无以言表。

这还没完。秋风扫落叶般的八项规定，把我们的月饼票、粽子票都刮走了。去年端午，单位发了一张价值三四百元的礼券，换回来一大包粽子、粮油之类，也算是过个节，今年什么都没了。往年中秋节，单位也会发些月饼票，票面价值 400 元上下，虽然家里人也不怎么爱吃，但有了券总是会去拿回来。今年，根本不用费这个心思了，一家人至今愣是半个月饼也没看到。

现在，眼看离 2014 年春节越来越近，我不禁惦记起年货大礼包来。中国人都爱好节日热闹喜庆，往年装满坚果粮油的大礼包虽然并不算多么值钱，但拿回家沉甸甸的感觉也很不错。

记得去年，我就是在年末的簌簌寒风中打上一辆出租车，去一家商厦领回了价值 500 元的年货大礼包，回家后把里面的东西分成两份，分别送给我和老婆的双亲。现在春节将近，单位丝毫没有要发年货大礼包的意思，看来我得做好年货礼包也被"咔嚓"的准备了。

如果说还有什么福利没减掉，那夏季的慰问品可能算是唯一的"幸存者"。这个慰问品都有点啥？清凉油、仁丹、蚊不叮……大约是价值实在太低，总算没有一并被风刮走。

想想一年的收成少了三五斗，我不禁在朋友圈发了点牢骚，没想到朋友们反响十分热烈。在比较富裕的 T 市公安系统工作的一位老兄说，他们基层民警原本有一笔 2000 元左右的夏季高温费，也因为八项规定不发了；5 年一次的旅游，原本可以一次性报销 6000 元，今年也没了。和我们差不多的是，他们往年中秋时除了发月饼，还会发一笔 2000 元左右的过节费，结果当然也是没有了。

按照这位兄弟的原话：中央是八项规定，到了省里就是十项规定，到了市这一级，就是二十项规定了。这些规定一层层发下来，谁还敢顶风发钱？连正常的案件考核奖都没了。

接下去，我发现不只是公务员系统的朋友在跟帖，在 J 省一所部属高校工作的姐妹也叹起了苦经，说中秋节三五百元的代金券是小事，她所在的大学连年终奖都没了。这个年终奖少则三四千，多则一两万，对相对清贫的"青椒们"来说，实在不是个小数目。还有一年 2000 元左右的旅游费用，一样被取消，连科研经费的申请都卡得更严，打印纸的申领都有限制了。

看完跟帖，我难受的心情似乎有了一丝平衡，看来福利减少这回事，是"全国同此凉热"，我还是认了吧。

有人会说，公务员福利本来就好，大家都眼红着呢，少拿一点也是应该的。可是少掉的钱去哪了？一位讲课邀约不断的红人学者说了，某省一位政府官员曾经跟他感叹：今年八项规定，钱不能用来乱吃喝，但还得花掉。不如你来给我们开个微信培训班吧，再买你 1000 本书，书款提前打你账上。就这样，十几万元花出去了，否则年底到了预算没用完，不好交账。

奇怪的是，八项规定的强劲之风，丝毫没有减弱广大仁人志士渴望加入公务员队伍的热情，听说今年的公务员国考报考人数又破了个纪录，111.7 万人。加上各省、自治区、直辖市组织的公务员招考,共 464 万人。

嘿,各位兄弟姐妹,你们如此挤破头要进公务员这座围城,真的想好了吗?要知道,如今我们的福利大大减少,听说明年可能还要再减薪,我都在考虑要不要下海了。

(图片来源:CFP)

本文发表于 2013 年 12 月 23 日

80后公务员自述：我为什么辞职 | 一 铭

"你为什么要辞职?"数月来,我已经被无数人问过。但坦率说,我还没认真想过这个问题。或许,只是内心深处那股遏制不住的冲动,终于让我跨出了这一步。

其实我从来不是个"敢想敢干"的人,甚至还有些优柔寡断。但这一次辞职我非常坚决果断、毅然决然。辞职到现在 4 个多月,我觉得自己是迈出了正确的一步。

先自我介绍,我来自浙江东部的小村庄,因为高考到了上海读大学,硕士毕业后顺利进入市级机关做公务员。也因此,我一直是父母眼中的骄傲、家族孩子的榜样。

可是在机关工作的 7 年里,我渐渐从最初父母的荣耀、自我的荣光,变成碌碌无为的平庸与麻木,再到自我的质疑与反省。"离开这里,到外面闯一闯",这个声音已经在我脑子里响了 3 年。

但莫名的恐惧和对未来不确定性的不安,让我不断地自我安慰、自我麻痹,把念想强压在心底。但 3 个月前的一场饭局,让所有的情绪都爆发了。

2013 年 8 月的一天,分别十年的本科同学聚会。昔日朝夕相处的同学再次相见分外亲切,聊往事、叙友谊,其乐融融。十年间,很多同学都有了非常大的进步,饭桌上意气风发、谈笑风生。

他们中有的已经做到了投行高管,有的成了大型企业的法务主管,还有外资所的知名律师、投资公司的资深研究员……谈到买房,看的都是 600 万以上的级别。提起股票,账户里至少 7 位数;聊起子女,很多读的是私立学校,接下来还准备要二胎……

饭席上依旧热闹、话题不断,但我望着眼前这些曾经熟悉的面孔,内心感到阵阵凉意。在读书的时候,我一直担任学生干部,还是班里的团支书,是本科班级为数不多上研究生的。在研究生毕业的时候,还被评为上海市优秀学生。但这一切的一切,在今天看起来却是多么地不值一提。

当年,听从父母的意愿,放弃了公司、律所等看起来没有那么"铁饭碗"的机会,进入了公务员队伍。碌碌无为过了 7 年,都不知道留下了什么。收入 7 年没涨,职级 7 年没变,能力是"听话加写报告",社会关系是"领导加同事"。而人生却已步入而立之年,在那一刻,深深感觉到自己是 loser。

是自己不努力? 上班从不迟到早退,从不无故请假,公休经常到年底作废,加班总是主动争取。刚入职那几年,三顿都吃饭在食堂,真是把单位当成家。然而即便如此,又能怎样?

在市级大机关的小部门,从来就不缺人,高学历、肯吃苦的年轻人一抓一大把。唯一缺的是机会,部门的中层领导都是年轻的 70 后。所谓的发展空间,小到让人绝望。

是自己没能力? 考虑到部门工作的局限,我干中学、学中干,积极准备,参加各类选调,证券监管、国资管理等部门的笔试都通过了,但由于种种原因也没能成功转岗。

买房结婚后,生活压力陡增,职业收入增长无望,于是我将目光转向股票投资。我把大量业余时间投入到股票研究,一路坎坷但仍然坚持,取得了一点成绩并考取了多张证券方面的职业证书,一心想跳槽做专业的证券分析师。但深入了解行业之后发现,已经年龄太大不合适了。

"理想很丰满,现实很骨感。"刚入机关时,我也曾朝气蓬勃、激扬文字、指点江山,也想奋力而为,干出一番事业。可机关就那么点事,不是收文就是发文,几乎所有工作都是通过文字体现。官样文章不管你写得如何,各级领导总要修改一下,以体现他的水平高你一等。

天天写、年年写,解决问题就靠写。写了那么多文件、讲话,无一不是"领导重视""下定决心""排除万难""取得胜利"。可到最后,还是这样子。文章能改变什么? 这种工作,一年下来就疲了,案牍而已,有什么成就可言。机关待得越长,梦想越远,这就是残酷的现实。

这些年每每看到公务员考试大军,我难免心生感慨:公务员真的是一座"围城"。城外的人,千方百计、削尖脑袋往里钻;城里的人,却因这样或那样的不如意,心生去意,中途离场。

尤其是 80 后公务员这个群体,他们普遍自我意识强烈,非常想实现人生自我价值,不甘心做配角,默默无闻虚度人生。但现实却是,六七年过去了,只有极个别同龄人年轻有为、善于沟通得到了提拔;也有些人能力平庸,但踏实工作,一心等待提拔;只有少数人决然离开,更多的人留下来消耗生命。

都说三十而立。现在的我,有家庭、有子女,压力很大,但前途黯淡,梦想渐行渐远。当意识到这一点时,我的内心突然无比坚定:不破不立,如果什么都不去改变,不去努力,那永远只能是空想。

当然,我还是要"盘点"一下,在机关蹉跎了7年,自己还剩下些什么?出去,还有没有资本?我想,自己毕竟还拥有一个很不错的学历,以及内心深处对美好未来的憧憬。还有始终不变的对学习钻研的热情、吃苦能干事的决心。

于是我豁然开朗。什么时候开始都不晚,信心比黄金更重要。离开这里,失去的只是枷锁,得到的却是整个世界。

从决定到辞职只是一周的时间,期间领导震惊挽留,父母很不理解,但妻子却非常支持我。如今4个月过去了,在新的岗位上我又变成了一个新丁,许多东西都要从头学起。但每天都要接触新事物、学习新东西,为自己奋斗、为理想奋斗,这让我无比欣喜,内心也充满了激情与力量。

还记得我离开的时候,有个年轻的同事曾悲哀地对我说:"公务员像极了温水中的青蛙,慢慢不知不觉被煮熟了,如果当年直接扔热水里头也就跳出来了。被短暂的安逸消磨了奋斗的勇气,最后成为机关里那些碌碌无为人中的一员。"是临别赠语,亦是自语。

其实,很多80后公务员都有这样的心声:也许在另外的舞台上,我可以舞得更好。

最近,听说底层公务员收入又少了一些,工作要求反而更高,青年公务员辞职的暗流在涌动。一切,也许只是开始。

（图片来源:CFP）

本文发表于 2014 年 1 月 13 日

不要粗暴打断公务员的声音 | 曹　林

这一年来各项禁令频出，让公务员越来越难当了。

此前有媒体的调查称：超六成公务员认为"禁令"一刀切，受"禁令"影响，个别公务员称考虑离职——这个报道中"考虑离职"说得很模糊，不过最新有报道已经说得很具体了。《上海观察》刊发的《80后公务员自述：我为什么辞职》《公务员：这一年少掉的福利》《公务员队伍开始动荡了吗？》激起了更广泛的讨论。

谈辞职是向舆论撒娇？

可想而知，公务员这番"考虑辞职"的言论在如今语境下被报道后，会受到多么激烈的批判。现在的社会，本就充斥着浓厚的仇官情绪，公众与公务员群体间本就保持着一种紧张对立的关系。

人们认为公务员应该是中国最幸福的一群人，占据着稳定的"铁饭碗"，享受着超肥的福利，掌握着支配别人命运的权力，更有各种隐性收入，用不完的购物卡、随便花的公款、家中堆不下的高档烟酒。竞争激烈程度早已超过高考的公务员热，似乎更加印证着人们的想象。

各项针对公务员不正之风的禁令在雷厉风行的执行下产生效果，这正是民众所期待的。这时候，竟然有公务员称要辞职，自然引发公众强烈的抵触和反感。这种姿态，很容易被解读为对禁令的绑架、对民意的藐视、对舆论的撒娇和对上级的赌气。

公众会认为，公务员们是好日子过习惯了，不正当的福利享受惯了，稍微严一点就受不了了，这是被惯出来的毛病。所以公务员发出的这些声音，引起了激烈的讨论。

另一个很重要的原因是，人们平常在舆论空间中其实很少听到来自公务员这个群体真实的声音，很多对公务员的判断都是靠媒体的想象来完成，也就是说，公务员的媒体形象基本是靠标签化和情绪化的想象来建构。

而这一次，公众听到了具体的公务员发出了他们的心声，这种声音过去没有听到过，自然引发了巨大的反响。

请与公务员群体真诚对话

这种反响泾渭分明。多数公众激烈地反对，认为"考虑辞职"是一种要挟；但公务员群体却激起强烈的共鸣，认为《80后公务员自述：我为什么辞职》之类的文章说出了自己的心声。

也许很多人极不认同公务员的这些观点，但请一定要让他们把话说完，一定要尊重他们的利益诉求，一定不要充满道德优越感地粗暴打断他们想辞职的声音。

舆论场不能以"多数人的暴力"排斥来自公务员群体的声音。一直处于隔膜状态的公务员和民众之间，需要一次坦诚的对话。气势汹汹的声讨和大义凛然的棒喝，只会"吓"得这个群体不敢开口说话，把刚说出口的话赶紧收回去，使两个群体间仍然保持着隔阂状态。

公务员这个群体在当下的舆论场中其实一直处于失语状态。我一直认为，公务员群体其实是这个社会中最大的沉默群体之一。

掌握着最多话语权的群体，在公共舆论中却是一个沉默的人群。掌握着越多的权力，占有着最多的表达渠道，却是一个最少发出自己内心声音的群体。

优势地位下的表达劣势

他们很多人不敢说真话，对舆论中的"多数人暴力"充满恐惧。因为公务员处于优势地位，反而使他们在话语表达上处于一种道义上的劣势。舆论批评了，官员不能辩护；一辩护可能就会触燃新的舆论火星，一辩护就是"以权势压人"、"傲慢对待批评"。

结果，官权与民权的不对等造成了两个群体间话语权的不对等，两种不对等恰恰是颠倒过来的。

压力不仅来自舆论，还有来自官场内在的潜规则。谨言慎行是中国官场的传统，人们信奉的是"言多必失"、"少说为佳"、"多做少说"。高谈阔论和张扬是一种政治禁忌,寡言是典型的官员形象。于是公众更多看到的是沉默者形象。

像《80后公务员自述:我为什么辞职》中那个公务员所抱怨的生存状态,我其实也听公务员朋友私下讲过。

那位朋友跟我讲:谈到官员福利时,舆论都有这样的印象,好像官员花钱是很随意的,无数的公款可以随便用,吃喝拉撒衣食住行都不用花自己的钱,每月的"工资基本不动",而且办什么事都可以靠特权走后门。

"我说了你可能不相信,如果没有单位的住房,我的收入在本地买房连首付都付不起。每年春节的时候,我都犹豫要不要回家过年,心疼机票钱,一家三口来回机票就是一万多。春节机票又不打折,好几次我都是带家人转几趟火车回家过年的。"

"老家人都觉得我在大城市当一个处长,手上权力很大,什么事都能摆平,其实什么事都摆不平,跟其他人一样,孩子上学得求人,老人看病得求人。"

他说:我也想公开自己的家庭财产,可如果我高调表态了,在那些不愿公开财产的领导眼中我就成了敌人。

"再说了,我公开了,你们又会不相信,公务员怎么可能这么清贫?"

他讲的有没有道理,当然有一定的道理,也是实话,可我们在公开的媒体报道中很少看到这样的声音。他一直强调,也就饭桌上跟你聊这些,千万别写到报道中去,他担心这种抱怨会引发一场轩然大波,加剧舆论对公务员的抵触。

常与公务员交流,常听到他们讲类似的话,并且都强调"千万别写到报道中"。他们对媒体讲的话,与饭桌上与朋友聊天时讲的,完全是两套话语体系,两种完全不同的内容。

我相信,饭桌上的聊天,才是他们真正的心里话。而在媒体上讲的,要么是言不由衷的套话,要么是应时应景的官话,要么是迎合公众的假话,要么是害怕惹麻烦而讲的永远正确却永远无用的空话废话。

听不到公务员的真话,两个舆论场永远处于隔膜状态,公务员内部一套话语体系,面对公众一套话语体系。问题得不到真实的反映,以各自情绪化的抱怨消解和发泄,掩盖问题和矛盾,敌意不断酝酿。

所以,这一次的讨论是一个好机会,舆论千万不要盛气凌人地将公务员想辞职的声音粗暴地压下去,让他们讲完,鼓励他们充分地讲。这些意见都充分地讲出来,才会有真正坦诚的交流和真诚的对话。

（图片来源:CFP）

本文发表于 2014 年 1 月 15 日

机关事业单位　　　企业人员

养老金　　　养老金

"公务员养老"的千层浪 ｜ 上官粤

不得不说,《人民日报》选择了不太讨巧的方式来谈"公务员养老金"问题。

1月6日,这张中国最受关注的党报推出了"关注公务员养老改革"系列报道。当天刊登的上篇《多国公务员养老金待遇比普通人高》,关注海外公务员养老制度和待遇状况,"以期为我们提供借鉴"。编辑在"开栏的话"中提示:"经了解,很多国家和地区,公务员养老金制度也有一个逐步走向公平的过程。目前看,公务员待遇较普通人为高。"

当这篇报道在网络上被简化为"《人民日报》刊文强调多国公务员养老金待遇比普通人高,值得我国借鉴"时,网民们的态度很不友好,不仅对公务员群体发难,还引发对政府下一步政策的无限制猜想。

负面的舆论很快袭来,甚至连《环球时报》都不得不发社评感慨"公务员队伍面临罕见舆论逆境"。

1月8日,这组系列报道按照原来的节奏推出下篇《养老并轨如何消减改革阵痛》,其实说了不少实话,包括建议政府财政不再为公务员代缴个人部分等等。但可惜的是,版面右侧登出一篇"民生观"评论《公务员养老,制度并轨不是平均主义》,其表述,又一次刺激了公众的神经。

最刺激老百姓的是这段话:

"公务员是国家公职人员,掌握并行使公共权力。养老待遇差了,队伍可不好带,积极性和清廉度都会受影响。而且,一般来说,能考上公务员的,文化程度也较高,读书时间长、教育投资大。非要让公务员的养老金和蓝领工人水平一样,对寒窗苦读十几载的公务员来说,是否也不公平?"

连胡锡进都承认的"舆论逆境"中,《人民日报》的编辑们竟如此敢于"撞上枪口",也不得不令人钦佩。

客观地说,这篇评论阐述的观点并不是那么人神共愤:公务员的养老金制度是要改革,但不能简单"一刀切",和企业职工完全一样;因为公务员与其他职业存在客观上的差异,这样可能会导致新的不稳定。

当然,其言外之意是公务员的养老待遇应该高一些。可是,论证这层"言外之意"的路径有千万条,作者"商旸"却选择了最有槽点的一条,无怪乎有人评论"是不是溜进来的高级黑"。

最先做出激烈反弹的是腾讯财经。8日上午9点多,腾讯财经摘引这篇评论时,直接做出了人民日报在"威胁"公众的判断:"人民日报甚至威胁到:公务员是国家公职人员,掌握并行使公共权力。养老待遇差了,队伍可不好带,积极性和清廉度都会受影响。"

没过多久,这篇稿件被悄悄修改,将"威胁"一词改为"警示"。

其他网站还在纷纷跟进。陶短房率先在海外网上发表评论称"养老金改革不能'局部国际接轨'"。这位最近非常活跃的专栏作家在文章中指出:"在'公务员养老金比普通人高'的大命题下,还应看到国外与中国存在的一些不同。"

这些不同包括:这种差距在国外是"小康"和"丰富",在国内则是"有"与"无";国外的改革趋势其实正在削减公务员特权;最重要的是,国外公务员的制度和制约公开透明,而"中国社会对养老金双轨制的不满,很大程度上源于对公务员特权、权力寻租、利益关联,以及这一切不公开透明,缺乏有效监督机制的不满。"(《养老金改革不能"局部国际接轨"》)

如果说陶短房的评论是从《人民日报》的立论基础出发来加以驳斥,还有不少评论人指摘其逻辑谬误。@扬子时评点评道:"不要拿制造'新的不公'偷换老百姓要求的缩小养老金差距的概念和诉求。"@曹景行也加入讨伐战,认为"养老并轨是要推行同样的养老体制,公务员的平均收入本来就高于一般劳动者,养老金当然也比较高,根本不存在平均主义的问题。"

1月9日,经过一整天的酝酿,各大媒体的评论员们选择好了自己的立论点。最多被批评的,是《人民日报》这篇评论中显示出来的"特权"思想。

《长江时报》直指这种思想和改革的方向相悖:"'公仆'的职业既不低人一等,也没有特别的过人之处,去特殊化已经成为对公务员乃至权力系统定位的主流,这在当前的深化改革中体现得非常明确。让公务员群体从思想意识到职责、待遇等全方位回归正常,是改革的一大重点,如果反而继续在强化公务员特殊性上做文章,显然是在与改革的大方向背道而驰。"(《强调公务员特殊化有违改革方向》)

《晶报》的评论反问:"哪来的'对公务员不公平'?"公众对公务员群体的深厚依

赖显而易见,"无论从哪方面看,公务员的待遇都是被保障的。正是在这个意义上,哪有什么'对公务员不公平'的问题。与其说这是为改革进言提醒,不如说它让人对改变利益格局之复杂与艰难有了更深的体味。"(《哪来的"对公务员不公平"?》)

《东方早报》的首席评论员发出了义正言辞的战斗檄文:"改革养老金'双轨制'不容再混淆是非"。"诚然,养老金'双轨制'有复杂的历史、现实原因,改变需要时间,改革需要人民有耐心,但也要警惕利益群体制造舆论,混淆视听,公然将自身'特殊的利益'固定化、合法化,将迫在眉睫的、十八届三中全会部署的'推进机关事业单位养老保险制度改革',自说自话地加上'依照国情'、'力求平稳'、'长远来看'这样的限定语。"(《改革养老金"双轨制"不容再混淆是非》)

另外,究竟是先"改革"、还是先顾"公平",也成为一些评论的出发点。

《南方都市报》的社论写道:"双轨制造就的不公平已经延续了很久,现在破除双轨制的改革尚未取得实质进展,却迅即为'平均主义'可能给公务员带来的不公平忧心忡忡,媒体所扮演的这种角色招致舆论反弹又有什么奇怪?"(《先破双轨制,讨论公平才有起码的基准》)

《新京报》感慨:"在具体改革方案还未出台之时,就忧虑'对公务员不公平',无益于凝聚共识,只会为改革制造杂音。"(《养老并轨未动,先担心"对公务员不公"?》)

《人民日报》那段文字的具体内容也饱受争议。能当上公务员的苦读多年,所以待遇不能和"蓝领工人"一样?《城市晚报》驳斥说,"这是用以前干部和工人的概念偷换了目前公务员和企业员工的概念。""我们所说的企业员工养老标准大大低于公务员,本来就不是拿所谓'蓝领工人'和公职人员相比,而是说一个企业的高级技术人员和一个同样职称或级别的公务员相比,退休之后养老金水平存在极大差距。"(《养老制度改革对公务员不公是"杞人忧天"》)

当然,不管是哪家报纸,都自觉地维护了《人民日报》的地位和形象,基本没有点出名字。

一文激起的千层浪,可以被视为反映近年来舆论生态的一个典型案例。

值得注意的是,1月9日当天,另外一则关于"养老金"的新闻也登上各大报纸头版:李克强主持召开的国务院常务会议上,确定从今年元旦起,企业退休人员基本养老金水平再提高 10%,引来舆论一片称赞。

"公务员涨养老金"一谈就被骂,"企业涨养老金"一做就叫好,冰火两重天的待遇,折射着中国的现实。

(图片来源:CFP)

本文发表于 2014 年 1 月 10 日

老外看上海:失色公务员 | 帕提·沃德米尔

之前,我对中国的公务员知之甚少。直到我在上海收养了一个中文名字"中举"的孩子后,才对此有所了解。竞争激烈的公务员考试,能够让应试者获得在政府工作的职位,这在中国已有 1300 年之久的历史。

尽管我不会给我的养女起"SAT 考试满分"这样的名字,但我还是保留了福利院护理员给她起的这个中文名字,作为她的中间名。我倒是很欣赏护理员在她出生时就给她贴上"中国式成功"标签的做法。

直到最近几年,中国大陆的父母们仍会为孩子在公务员系统内获得一席职位(那是十足的铁饭碗)而高兴。多年来,调查显示政府职位一直是中国求职者最梦寐以求的工作。中国具有偏好公务员职位的历史传统,福利院的护理员也希望这个可怜的女孩能在中国拥有美好的未来。

但在上周末,当应试者进入考场参加公务员考试后,他们发现人们对进入政府系统就业的观念已经发生了剧变:据媒体报道,在一些省份,考生人数下降了三分之一;而其他省份的参考人数也并非处于历史最高水平。随着反腐行动的推进,公务员的灰色收入被切断,低成本的医疗负担和住房补贴也随之被削减。

但仍有 100 万左右的考生参加了公务员考试。同去年相似,中国今年预计约有 700 万大学生将涌入劳动力市场,而他们中的许多人都想努力寻找一份稳定的工作。

目前,公务员的光芒正逐渐消失,私企求职者也在为支付房租而努力寻求一份高收入工作,中国的就业危机正在促生就业选择的创新。

那干啥呢?给网上虚拟花园除草、浇水的兼职早已过时,但许多淘宝上的求职者仍兴致勃勃地做着其他虚拟任务。他们可以替人下载电影、给女友写道歉信以及打手机游戏得分和升级。

这些工作的收入并不比公务员多,也不会带来其他灰色收入及贿赂收益。但其中有些工作种类可能收入颇丰——比如专业网络游戏玩家。若他们能在顶级国际比赛中获得数百万美元的奖金,就足以让其父母戒掉"公务员瘾"。

20 岁出头的祝颂歌现在担任上海电子竞技俱乐部 Invictus Gaming 的项目经理。他毕业于著名的复旦大学法学院,在此之前从事着令许多人羡慕的公务员工作。而现在,他正管理着这个俱乐部。这个俱乐部受到了中国富商——大连万达房地产开发商王健林之子的资助。

在这套高层住宅公寓的三室房内,14个年轻人居住、工作于此。当我参观俱乐部的经营场所时,发现他们刚从午睡中苏醒。运动包、脏袜子、孤零零的运动鞋都被扔在了地上,这一切混乱场面都是十几岁男孩们生活的写照。

计算机终端从客厅的一端延伸到另一端,住在公寓的这些玩家需要为每周的竞赛,完成每天10到12小时的游戏训练。俱乐部为他们提供食宿,这样可为他们每月节省下4000至8000元人民币。如果他们在比赛中获胜,将会获得巨额的奖金。两年前,这支队伍在美国的一项比赛中获得了100万美元的奖金。而没有哪一个年轻公务员会如此幸运。

最近的新闻让公务员的情况变得越来越糟。上周,广东省纪委规定公务员操办婚礼、葬礼必须提前10天报备。他们必须公布自己在这些活动中花费了多少钱,并禁止其他公务员参加该活动。

这些规定足以让我们选择在线玩家等其他工作。我可能会给我的第一个孙辈取名为"在英雄联盟中取得好成绩"。中国的公务员工作虽拥有古老的历史,但现在已不是过去的那个样子了。

(图片来源:CFP)

本文发表于 2014 年 4 月 18 日

日本公务员自述：不比中国同行好　朱一飞

　　我本科毕业于早稻田大学,硕士毕业于日本最好的大学——东京大学,之后通过日本国家公务员中的第 1 类考试,成为了防卫省的官员,相当于中国的国防部。

　　有必要介绍一下日本的公务员考试制度。日本考试总体上把与学历相关的"毕业等级"作为必要条件之一,例如国家公务员针对大学本科毕业生设置第 1 类考试,专科毕业生设置第 2 类考试,高中毕业生相应的则是第 3 类考试。

　　我报考的第 1 类,这一类主要针对录用担任主任一级的高级职员而设置。通过 1 类考试的人被称外界称为"精英官僚",不仅拥有一般公务员那样的"铁饭碗",享有"无过即有功"、不被轻易解雇等安定条件。

　　公务员都关心自己的仕途。和中国不同,日本公务员在考试分类时就已为自己定下"终生"。通过 1 类考试的"精英"从理论上说都可以当上局长,甚至可能向副部级进军。因为在日本,中央省厅的一把手都是由政治家担任。因此,公务员的最高峰就是各省负责日常工作的事务次官。

　　相比之下,2 类、3 类公务员的前途就差多了,最多只能当上保长(相当于中国的科长)。

　　当然,正因为仕途光明,因此 1 类考试很严苛,甚至有点"变态"。单第一次素质考试就涵盖包括政治、经济和社会的社会科学;包括日本历史、世界历史、地理和文艺的人文科学;包括数学、物理、化学、生物、地学的自然科学;包括逻辑推理、资料分析、空间把握的数据处理;包括现代日语、英语、古代日语和汉文的文章理解和时事问题。

　　举个例子,五选一的选择题。以下哪一项属于汉武帝所为:1)任命王安石变法改革国政;2)继承宋和金的制度,废除科举;3)重用董仲舒,罢黜百家,独尊儒术;4)讨伐台湾郑氏统一中国 5);尊崇南印度来的僧人达摩,保护禅宗。请注意,这道不少中国朋友都答不出来的题目,考的可是我们日本人啊!

　　过了这座"独木桥",抢到了这个"金饭碗",我只能说,工作只是表面很光鲜。确实,公务员给人精英、待遇优厚的印象,但这只是专指上了年纪的官员。我们这里讲究论资排辈,年轻公务员工作强度很大。

　　东京政坛领导人不停地更换,真是把我们公务员给弄惨了。特别是前几年,长期执政的自民党被民众选下台,换上了民主党执政,一朝天子一朝臣,各个省部级领导也有了改变,我们也要根据新政权、新领导的方针修改部门的相关条例。如今,自民党回来了,又是一个轮回,我们又开始了变变变,加班无止尽啊。

过一阵子,我将被派到国外一年,美其名曰让我"进修英语"。或许你们中国人认为这是美差,既可以出国锻炼又可以免费旅游。但我们日本人不怎么喜欢离家驻外的。因为日本是世界上最方便、最发达、最安全的国家,平时出国旅游可以,但对于长期在外工作生活,我们却不那么乐意,不仅有文化差异,离开了朋友圈也不习惯。

所以,即便驻外工作能够拿到一笔不菲的补贴,但真正愿意去的人却很少。于是乎,只能让我这种初出茅庐的小喽啰去填坑咯。

关于我的收入。我只能说,在日本当公务员同样也要讲奉献。像我这样名牌大学毕业生,如今选择大型"国企"大有人在,例如三菱商事、三井物产等四大商事,或者索尼、东芝等世界名企。如果进入这些可一劳永逸的大型"国企",不但各种福利丰厚、养老有保障,而且每年基本都能加薪。

因此,虽然大学毕业大家初始收入都差不多,但到了 30 岁左右,进入这些大型"国企"的优势便显现出来了,一般年收入可以拿到 1000 万日元左右(约 60 万人民币)。

而公务员的薪资却浮动很小,国家公务员的年收入是 600 万日元左右(约 36 万人民币)。虽然比起普通工薪族平均 400 万日元(约 24 万人民币)而言,收入也不算低,但和自己周围同样是东京大学、早稻田大学等名校毕业的同学相比,从薪资角度而言,还真是差了一截。

至于未来的养老待遇,公务员虽然比一般中小企业员工要好,但也比不上那些大企业员工。公务员养老费用,由个人缴纳的保险金和国家财政两方面承担,而那些大企业员工还有自己的企业年金、退休金。这就是差距啊。

那么,除了以上这些收入,我们还有没有"灰色收入"? 呵呵。日本公务员伦理法有规定,除了与自己公务上没有关系的朋友之外,公务员是不能接受招待的,否则就会被开除。曾经就有一名警察发现因乱停车被罚款的人是自己的好朋友,没有收取罚金,结果发现后就被开除。

我们这里下级不会给上级送礼。一般和领导一起吃饭,要么是 AA 制,要么就是领导请客,只是因为领导工资更高一点。甚至在关键时刻,因为是个公务员,还得带头"礼让三先"。例如,上次东日本大地震引发福岛核电站事故之后,对于救急的临时住宅,公务员家庭按顺序肯定只能排到最后。

如今,在我本科母校早稻田大学,同学中毕业想考公务员的火热程度没那么高。现在有些年轻人,毕业还会去选择一些刚刚起步的中小型民企,在那里可以闯荡江湖,施展才华,实现自己年轻时代的梦想,而公务员相对平淡枯燥的工作内容,也显得不那么有魅力。

毕竟,做公务员还得在各种方面做出牺牲。难怪,曾经被视作"香饽饽"的国家1 类公务员职位也逐渐失去了往日的魅力。

(图片来源:CFP)

本文发表于 2014 年 4 月 21 日

为公务员工作孤注一掷,结果…… | zy

有关理想的一幕

在求职最焦头烂额的时候,我总是会想起一年前和一个欧洲姑娘聊天的场景。很温暖的午后,圆桌上两杯咖啡,我们聊的却是在我眼里有些严肃的求职话题。她说她从小就想做一个面包师,所以她将来要搬到法国去,在马卡龙和各式各样的诱人糕点里徜徉一辈子。她说的时候在笑,很幸福。我也在笑,当时却是觉得这样的理想应该属于初中阶段,而不是大学。

但后来我发现,或许是我太狭隘,而不是她太天真。这样的理想在许多人身上或许会被社会所压垮,但是,还有一些人能为它坚持。所以这个很优秀的姑娘选择了法语作为大学的专业。"学好了法语再去法国做蛋糕。"她说这话的时候,我仿佛已经能看见将来的她在冲我微笑。后来她请我吃她自己烘烤的小蛋糕时,我觉得那蛋糕要被叫做"梦想"才好。

作为一名所谓的名校学子,我对前途的焦虑感从一开始就很强烈。在正式踏上社会之前,我的焦灼并不来源于担心找不到一份工作,而是总想要自己觉得最好的,却不知道如何为"最好"下一个定义。

在学校里,我也和周围的同学们一样积累了很多标签:不错的成绩、众多的社会实践经历、多样的荣誉等。等到九月,各大公司的宣讲会在校园里办得如火如荼,各个求职网站上也已让人觉得四周都是机会,仿佛触手可及。那时候觉得选择铺天盖地,一时间竟然反而无所适从。那时候,高薪、西装革履的生活和新鲜上进的职场氛围,都在向我们诉说着种种可能。

但那个欧洲姑娘在我脑海中留下了一个印象,或者我真的该为青春坚持点什么。那时候,我非常希望能够在将来从事外事方面的工作,并不希望成为一名白领。有时候面对各个企业的招聘信息,我也会短暂地在它们给出的诱人条件里迷失。但当我想起这一个选择或许就是在给一辈子划出一条航线时,我还是希望能在求职时保持一定的"矜持",至少是给自己的理想一个机会。

备考和挫折

身边同学们忙忙碌碌的求职季,我开始准备公务员考试,希望能在将来踏上外事工作岗位。那时候的日子出奇的简单,仿佛回到了高考的时候,很辛苦却也很容易快乐。每天就教室、寝室、食堂三点一线地跑,教室的日光灯从来也没有这么亲切过。

这几个月里,也时时听说身边的同学走过一场场笔试面试时发生的趣事。开始有一部分毕业生尘埃落定时,我的长征才刚刚开始。但那时候有一种别样的坚定,没有对自己的后悔,只有对伙伴的祝福。或许是因为前方的希望一直都在,我为自己还能为理想拼一拼感到满足。虽然有非常多的过来人告诉我,这样的孤注一掷可能会带来极大的挫折。但我总坚持,既是青春,就疯狂地为自己坚持一次。

后来我非常幸运地通过了笔试,开始了忙忙碌碌的面试准备季。因为英语能力也是面试的重要一项,所以时光就仿佛倒退到了高考前,晨读成了必修课。在下午和晚上,一方面我要看更多的新闻,一方面又要对面试进行模拟训练。我的家长、朋友都陆陆续续成了我的面试官。时间走得很快,也很充实。因为有一种不辜负青春的骄傲感,如此简单的生活也有滋有味。

面试当天,有些小紧张,也有些小兴奋。由于抽到的签比较靠后,我从一大早静候到傍晚。面试并没有想象的顺利,虽然练习了很多,但真正在考场上的状态却是无法模拟的。作为一名应届生,在和已经工作过的哥哥姐姐们一起比拼时,就难掩自身的青涩。一些关于组织活动、临场应变的考题,对于已身在职场中的人来说,可能只是把过去的经验讲一讲,而对我来说,却是要在短短的几分钟内在脑海中重新构建一个场景和应对策略。最后的结果不尽如人意,虽不至于让我灰心丧气,却也着实难过了一番。

并不后悔的选择

由于之前的"破釜沉舟",在招聘季已经接近尾声的时候,我突然发现自己手里一个选择都没有。找好工作的同学们已经开始规划最后一个学期的"玩乐"计划，而我却感受到了空前的焦灼。该是离开学校的时候了，却还没有在社会上找到一个属于我的位置。

于是便开始反思之前的"破釜沉舟"是否有些过于冲动幼稚，所谓的"为理想坚持"到底值不值得。或许我在求职一开始就走另一条路的话，我现在也是毫无压力地享受最后的大学时光。

然而，直到今日我仍然不对我的这个选择有任何的后悔。只有走过了这条路，我才知道这条路走起来的艰难，也才知道自己和理想间的距离。如果刚开始就为了安稳，选择了不是最想去的方向，那在许多年后的办公室里，我会不会还是会对着窗外的阳光发呆，遗憾年轻的时候连尝试的机会都没有给过自己？

人生不能走回头路，我仍然庆幸选择了一条让自己最不后悔的道路。

在许多人看来，也许我过于理想主义。确实，我的理想主义也让我碰了不少次壁。但是每一次碰壁都换来一次成长，这也很好。在二十年甚至五十年后回首，或许迟一点早一点工作早已经没有区别了。但对我而言，年轻的自己有没有为理想坚持过，却会有很大的不同。其实我挺感恩，这样一个过程让我找到了自己个人"最好"的定义。

在求职这件事上，我真的不只是想要一份职业，而是一份事业。所以我还是会在走每一步之前问问自己的心。我的青春，我的理想，我希望我都曾为它坚持过。

（图片来源：CFP）

本文发表于 2014 年 5 月 12 日

德国公务员：职业声望垫底 | 刘丽荣

在网络搜索引擎中查找德文"公务员"一词,联想功能会自动作出两个提示:"公务员笑话"和"公务员薪酬"。公务员在德国社会中的职业声望由此可见一斑。

有关德国公务员的笑话,大都以无所事事、懒惰嗜睡、工作枯燥为话题,缺少幽默。笑话本身,似乎也沾染了公务员职业的刻板乏味。不过德国主妇都知道有个公务员老公的好处:"每天上班把该睡的觉都睡了,该看的报纸都看了,回家可以专心做家事了"。

德国民众对于公务员的偏见,不仅表现在笑话里,也时常成为政治话题:除了懒散低效,公务员丰厚的退休金和薪金待遇也为人诟病。相对于私有经济的雇员,公务员在德国享有许多特权。首先,公务员不会被解雇,职业安全感强。其次,公务员的退休金由国家负担,且远远高于企业雇员的养老金:2013年德国公务员的平均退休金为每月2850欧元,企业雇员的平均养老金只有853.59欧元。

当然,在享受高福利的同时,公务员也必须放弃传统雇员享有的一些权利,例如不得罢工。但在德国民众眼里,这一点根本算不上牺牲:公务员反正不干活,罢工与否于己于人都不会构成影响;此外,公务员工资定期上调,大可不必为此伤神。

当公务员并不难

德国是世界上最早实行现代官僚制度的国家之一,公务员享受的特权可以追溯到普鲁士时期。马克斯·韦伯在《经济与社会》一书中,对于公务员职位的终身制、固定薪金、养老保障等特殊权利有详尽的阐述。韦伯笔下的公务员具有守时、有序、服从的特质,尽忠职守,成就国家的稳定。

在德国,想要成为一名公务员并非难事。德国的公务员分为低级、中级、中高级和高级四个级别。应聘低级公务员只需具备初中学历,适用人群包括邮差、司机、门卫、公交车司机等。近年来,随着管理流程的技术化和公共服务职责的变迁,低级公务员的职位逐步削减。初中毕业以后接受相应的职业教育,即可应聘中级公务员岗位,主要从事文书工作。

应聘中高级和高级公务员,需要大学或硕士学历。德国没有统一的公务员考试,职位出现空缺时,申请人可以通过网上或书面申请,参加笔试,书店里有相关的应试参考书籍,笔试之后通常是面试。"对冲基金是什么?《资本论》的作者是谁?什么是通货膨胀?何为罗马俱乐部?什么是国民生产总值?哪些欧盟国家没有使用欧元?"

如果你能够回答得出上述问题,请注意,这只是多项选择,而非独立表述的问答题,你就可以尝试应征财税管理方面最高级别的公务员职位。

成为公务员的代价

选择公务员作为职业,意味着一生衣食无忧、生活安稳、循规蹈矩。拥有一栋房子、一个伴侣、两个孩子,是德国公务员的典型生活。目前,德国约有190万名公务员,全国人口约为8200万,平均每43.5人供养一名公务员。德国社会的"官民比"不高,主要得益于近年来的去公务员化,铁路、邮政、医院先后启动私有化进程。

19世纪的德国社会改革家阿道夫·柯平曾经说:如果每个人都在各自的岗位上做到最好,世界就会变得更美好。许多德国公务员都把这句话作为自己的座右铭。与私有经济领域的雇员相比,公务员的成本相对低廉,每周工作时间长12%,平均工资低5%,且增长相对缓慢。

虽然说在德国,成为一名公务员不是难事,但是做一辈子公务员也非易事。一个人从16岁初中毕业即可成为低级公务员,到67岁退休,差不多需要工作50年。所谓公务员无所事事只存在于人们的想象中,承担文书工作的中级公务员,经年累月工作繁重,每天都需要处理大量的卷宗。

此外,政治正确、自由空间狭窄,是德国公务员的必要代价。按照德国宪法的规定,公务员履行"崇高神圣"的国家公务。在德国,大学教授也是公务员,享受最高级别的公务员待遇,但是作为国家公职人员,必须认同和维护宪法规定的基本价值。哲学家海德格尔因为20世纪30年代卷入纳粹运动,战后受到审查,被中止教职多年。

行贿德国公务员是一件不太可能的事情。按照规定,请公务员喝杯咖啡、吃根香肠尚在许可范围内,宴请、送礼超过 20 欧元即算行贿。

民众认同公务员制度

正如本文开头所说,德国社会对于公务员的社会评价不是很高。德国公务员联合会连续多年委托独立调查机构检测公共服务领域的职业声望,结果颇为尴尬——公务员长期徘徊在末端。

其实,关于公务员的地位问题,马克斯·韦伯早在一百年前就已作出精准的论述:对公务员的社会评价,取决于社会求职回旋空间和社会阶层的分化程度。对于行政管理的专业培训需求较少、等级惯例较弱的地方,民众对于公务员的社会评价相对也比较低。

因此,在经济发展前景广阔的西德地区,就业空间相对开放,私有经济领域对于年轻人更具挑战性和上升空间;而在经济结构相对较弱的东德地区,公务员职位提供的职业安全感,对于年轻人更有吸引力。

尽管如此,德国民众对于公务员制度的存在普遍持认同态度。与短期在位的党派政治家不同,公务员阶层代表了公民的长期利益。德国民众对于近年来部分公共服务领域的私有化进程感到失望,希望公务员在全球力量驱动的社会变革中承担更多的责任。

(图片来源:CFP)

本文发表于 2014 年 5 月 14 日

上海公务员:开会的学问 | 马料水

进机关当公务员已有三年,也在单位办公室工作过,默默见证着机关会务文化的悄然变化。

错过的"好时候"

八项规定后,机关老同志经常会跟我开玩笑,"你没有赶上'好时候'啊,现在只能天天在楼里打转了"。之前,单位每年总会有几个会是大家期待的,比如半年和全年的工作总结会、年初的务虚会,以及不定时的全系统业务培训会,这或许是因为这些会都会出机关召开。至于"开会去哪儿",有"魄力"的领导会将视野放到长三角的好地方,而保守的领导也会选择市郊某地。

但是随着八项规定的出台,以及个别单位违规外出开会的曝光处理,我们单位再没组织过这类会议,我也再没有参加过其他单位组织的外出培训会。

最近的各类培训一般都在自家的会议室里开,要自己乘车过去不说,培训议程都还安排得非常紧凑,想喘息都成为空想。虽然心中难免失落,但想想国家的钱、纳税人的钱或许因此能花在刀刃上,我也感到欣慰。

具体到会场上的会风变化,这一年多来我所看到的切实改进不少,最明显的一个表现,就是之前彩旗飘飘、横幅高挂的场景不见了,主席台上的鲜花、果盘也不知影踪。但一些传承已久的会务文化,或许要春风劲吹方能有所松动。

摆席卡的学问

近期单位开研讨会,办公室领导安排我负责会务。主席台上正好坐了十个领导,是偶数,怎么安排?我思前想后,考虑到中国有左尊右卑的传统,于是就把最大领导的席卡放在中间靠左位置。之后,办公室主任过来复查,第一反应是看席卡,大叫,"是谁摆的,某某某(与会最高领导)怎么能放那里?"

我这才知道,原来偶数情况下最大领导是应该中间两座偏右的。要知道,如果没及时改正,也许在整个会议期间,大领导坐着心中窝火,台上其他九个领导盘算着这个人是不是"出事"了,而台下"眼尖"的同志则会传递小道消息、谣言满天飞了。至于那位办公室主任,估计在下面已经是坐不住了。

因此,可以讲,摆放席卡这个会务细节绝对是新入职公务员体会官场文化的一次极好机会。我可再举一例。

有一次,区里各单位一把手都要参加学习会,还是由我负责会务。需要摆放单位席卡,街镇毫无争议地集中靠前摆放,因为他们毕竟在区里也算"一方小诸侯",地位是要高于条线部门的。党委部门组宣统等,也是前排就座。

当我想当然地把质监、工商分局等和财政局、房管局并列一排时,区委办领导告诉我,"把某局的席卡挪到偏后位置"。一问原因,原来这个局的一把手是全区最年轻的正处级干部,因此也就经常被排到最后一排去了。原来,单位负责人的资历深浅,也是安排这个单位开会次序前后的重要考量。

开会之前,领导总是要最后入座的。先到会场的一般是普通干部,最关键的几位领导总是踩着点到。现在会风严谨了,而且上海是全国行政效率数一数二的城市,领导的时间观念都还是很强的。

当然,如果大领导一不小心到早了,也不用担心,正式的会议室边上都有休息室,大领导会一直在休息室停留到与会人员基本到齐后,才在大家的注视下缓步入场。

参会与会的讲究

应该说,八项规定之后,"会海"的现象大为改观,但没有完全解决。我们单位领导的工作日志上,一个上午两个会是再正常不过的安排。上级部门的很多会,都要求下级部门的一把手参加,这可苦了基层单位。于是,基层领导选择参加哪些会,里面的学问就很有意思了。

有时组织全区层面的会议,通知发下去,参会对象来不来,会议的重要程度并非第一考虑因素,区委主要领导是否参加才是最重要的。一个与自己单位工作基本没有关系且只需列席的会议,如果是区委书记出席了,我想没有哪个街道的党工委书记或哪个镇的党委书记敢让副书记来代会。而局级干部主持的会,下面的处级单位也不会不识相地让科级干部来开。

这些潜规则,已经是机关里的明文化。于是,我经常会接到下面街镇来电询问哪位领导将会出席会议,为了保证基层单位领导的出席率,我们也就捣捣浆糊地说,"书记好像说了也要参加的"。

再说开会喝茶的问题。现在一般的单位内部会议,干部都喜欢自己带个杯子来,既环保也方便。当然全区大会,主席台上还是整整齐齐地摆着一色的杯子,这或许显得整齐划一、严肃庄重。但我在想,领导要是也拿着自己的日用杯子,花花绿绿地放在主席台上,可能是不太好看,但是很接地气。

这并非不可能,因为据我所知,不少局级干部在内部会议上都是自带水杯的,而到了参加全区大会就不带了,或许是一些习惯还改不过来吧。

最后说说开会流程吧。我想说一点可以商榷的地方。开会的时候,往往会有一位级别不低的领导在台上认真地念稿,而很多时候领导的发言稿,已经变成文件形式给台下与会者人手一份。于是大会还没开几分钟,台下的人都已经快速了解这次会议的主要内容,至于接下来的时间该怎么过,就不大好说了。

(图片来源:CFP)

本文发表于 2014 年 6 月 18 日

上海公务员：怎样记录领导讲话 驰　恒

　　我是本市某区区直机关的公务员。每次开会,除了要像《上海观察》前文《上海公务员:开会的学问》提到的关注会务细节之外,还有一件大事就是记录领导的讲话。

　　开会前,我常要挑灯夜战,准备好署名为"供领导参考"的讲话稿,并呈递给领导审阅。会议顺利召开只是完成了我的一小半工作,到了会议后期要迎来"高潮"——领导讲话,那时候,我一定要打起十二分的精神竖起耳朵听。因为会议结束后,我还要负责整理领导的讲话。

　　正因如此,当领导在台上发言的时候,台下的我既要 check 领导的讲话与讲稿间的差别,也要随时做好领导脱稿发言的记录工作。此外,我还要通过领导的语调、轻重音、面部表情和肢体语言来充分"领会"领导发言的话外音,这可以为我下次写稿做准备,说白了就是了解领导最近关注的工作重点。

　　过去没有录音笔、智能手机,做会议记录就好比是一台"人肉记录机"。说"奋笔疾书"真是一点也不夸张。尽管如此,记录的速度还是赶不上领导在台上发言的速度,老同志对此自有秘诀:先概括领导讲话的主要内容,然后摘写提纲性的话语,会后再进行补充。为了避免遗漏领导讲话的要点,有时候往往需要办公室的几个同志一同记录,一起校对。

　　刚干这份工作时,就有机关老同志就给我"敲木鱼":A 领导在某个会议上的发言引用了一串数字,会议记录者一不留神把一个小数点位置标错,数据就这么无缘无故地放大了 100 倍。之后他在撰写新闻稿时也没校对,继续使用错误数据。万幸的是,在签发前被办公室领导发现,避免出现重大政治差错。每当提起这件事,老同志总会边摇头边感叹,"伊还算'额骨头'高,侬可千万要当心哦"。

　　如今科技发达了,作会议记录也比过去方便许多。一般来说,录音笔是开会的标配,但千万不能认为有了它就万事大吉了。会后整理录音时,同样需要细心费时,特别是当发言领导"开启"即兴脱稿模式的时候。

　　领导脱稿讲话的原因,极少数情况是因为办公室准备的稿子不合他的"口味",多数情况是为了将会议开得更热烈、更轻松。领导脱稿发言往往更家常化、口语化,以举例子、列数字为主,倒更像是几个朋友之间的聊天。

这几年会开多了,也见识了不少领导的即兴发言,套用现在流行的大数据分析,我还真发现了一个有趣的现象——脱稿发言的内容与领导本人的成长背景有不小的关系。

有理工科专业背景的领导在讲话时喜欢罗列数据对比现在与过去,特别是涉及到评价部门工作优劣的时候;有文史类专业背景的领导讲话时总喜欢引经据典,通过"掉书袋"的方式传达他的想法;在企业工作过的领导,讲话风格看似谨慎,其实很稳重,看得出本人不爱冒进爱实干;而有过教育系统经历的领导,讲话时总能激情澎湃,调动起台上台下的气氛,会场效果往往不错。

如果碰到了领导即兴发言,如何"准确"与"恰当"地记录也算是一门大学问。

首先是正确,这是废话。要把领导会上类似"这个"、"那个"的口语删掉,保证记录稿的行文流畅。

如果说还有啥要注意,那就是把与会议无关的话语删去。记得某次会议开到中午还没结束,B领导决定先去机关食堂吃午饭。于是他说:"阿拉先去吃饭,饭后继续开,大家讲好伐?"这句语被我的同事一五一十地写在会议记录稿上。办公室领导看到这句话,真是哭笑不得。

第二点最关键,要突出领导发言的"亮点"。什么是亮点,这需要经验与"悟性",也要针对不同领导开不同"处方",很难有所谓的规律可循。

我曾经参加过一个党务工作会议,B领导做总结发言,他没有照念我准备的发言稿,而是抛开会议议题,大谈自己在基层碰见的趣闻轶事,本来沉闷的会场倒也一下子活跃了不少。事后在整理时讲话时,我觉得有些段子与今天议题不合,于是大笔一挥全部删掉了,补上了一段B领导曾说过的、符合本次会议主题的发言。

当我将这篇自认为花团锦簇的整理稿交给办公室领导审阅时,领导问我,"为何少了那一大段?"我告诉他理由。他唉了一声,"会议的议题偏理论、有点枯燥,xx同志(B领导的名)的案例很生动,不仅活跃了会场气氛,还能让与会同志更好领会讲话精神,很重要嘛,这样会议的效果才会好嘛"。听完,我茅塞顿开,明白了大领导的讲话艺术以及部门领导的领会能力。

之后,当我碰见这种情况时,就会自问领导讲话的关键在哪里,努力把领导讲话的精髓写在记录稿中。

工作这么多年,我也常常在反思,做好会议记录确实是不可或缺的重要环节,但如何与会议本身相结合,让每个会都开得不形式主义,真正起到传达精神的效果,值得思考。

(图片来源:CFP)

本文发表于 2014 年 6 月 27 日

上海基层公务员：漫漫升职路 ｜马料水

现今社会，一提到给"公务员加薪"就有种人神共愤的感觉。我的同事也会谈工资，但最能引起我们这些基层公务员热议的话题，绝对是升迁。在体制内，对上升渠道畅通与否的关注度，远高于对工资的关注度。说通俗点，这是对权和钱的态度差异。

近日，某位团市委副书记转任区县常委，关于其任职履历也得以公开。我们笑称，幸亏他当初没有考公务员。

履历显示，他本科毕业后入职于某市局下属国企，而一年时间不到就开始做公司团委事务，于4年后升任该市局团委书记，转身为公务员序列，此时已是副处实职。7年后，当选团市委副书记，时年未满34岁。

假设他当初毕业考入团委公务员，那么按照正常的公务员晋升程序，1年后转正定科员，本科生三年后可以升任副主任科员或副科长，再三年后可以升任主任科员或科长，正科满三年可以提副处，也就是整整10年，在一步不落的情况下，也才走到副处的门槛。而同样10年，他已经跨过处级，进入了局级序列。

普通公务员的晋升路，更多的是无奈与酸楚。

如今，公务员凡进必考，不论进入公务员队伍之前从业经历多么丰富，一旦进入公门，前面资历就将清零，一切从头再来。入职第一年是试用期，没有级别，待到满一年，面临定级转正。

《公务员法》规定是本科生定科员，硕士可以定副主任科员，博士可以定主任科员。请注意，是"可以"定，而不是"一定"定。

因为考入公务员队伍的博士相对较少。更多试用期转正面临定级困扰的是硕士生队伍，能不能顺利定副主任科员，牵扯到试用期表现是否达到领导期望、单位是否有副科空余职数等因素，如果单位已没副科职数，即使表现特别优秀，领导也爱莫能助。

一般情况下，在市级部门，科级职数不受限制，研究生定副科毫无压力，而到区县部门，就要视各部门情况而定，再到基层街镇、工商、城管等盘子大的单位，是基本无望了。

我们区的一个基层工商所，也就是个科级单位，里面几十口子人，四十多岁的老科员比比皆是。如果不是非常优秀,退休时能得到正科待遇都是可喜可贺的。

在前段时间的公务员离职中,工商、法院这些大口单位占比很大,一个重要原因就是当初考入的很多名牌大学毕业生,发现工作几年后职级没法升,工商还要经常坐窗口,职业荣誉感、成就感一塌糊涂,空有为民情怀却无奈而去。

经过三年科员的奋斗,或者硕士侥幸定级为副主任科员,别高兴得太早,升任正科又将是一个漫漫旅途。三年副科经历,是提任正科的必要条件,但是很多同志就此一生副科,我们戏称之为"妇科大夫"。

而能够在 5、6 年或者 10 年内做到科长的,也算是公务员队伍里的佼佼者了,前提是要有一个不错的平台。基层的科级单位,基本没指望。区县里的处级单位,正科级还是踮踮脚能够得着的。市级部门一般按部就班、到点就提。

这也就是为什么很多人挤破脑袋往省市部门去的原因,因为在基层一辈子无法达到的职级,在级别高的单位轻松到手。当然,在上面的处级,与在下面的科级,含权量到底谁多谁少,就见仁见智了。

如果是 22 岁的本科生,以理想的情境,29 岁时可以做到科长了。科长的收入,以笔者了解到的情况,综合下来比科员会高 1000 多元吧。想想企业里 6 年踏踏实实做下来,工资可能连着翻了,而能 6 年升任科长的,差不多也是要百里挑一了。

而科级升副处,就区县而言,将不再是各单位能够自己决定的,处级干部的提任是全区一盘棋,其竞争之惨烈,非局中人难以想象。大多数的科级干部,在接下来二三十年的职业生涯中,都必须面对基本上没有上升空间的不幸现实,在科级职位上退休。而能够侥幸杀出科级范围荣升副处者,绝对是公务员职场的人生赢家。

借此反思,现行体制下,公务员只有行政职务一条通道,而通道异常狭窄,于是导致很多人在年龄渐长而升迁无望后,工作积极性锐减,形成懒散、低效、混日子的工作作风。

其实,可具参考性的是近年的公安改革,通过实行行政职务与警衔两种序列,使改革前科级以下人员占比 90% 以上的局面,实现 90% 的警察薪酬在退休前都能达到相当于副调研员(虚职副处)的水平。这样就使很大一部分无意于仕途的警察能够借助警衔的提升,因为这个通道也能得到收入上的提高以及地位上的认可,类似于教师职称的评定。

近几年日趋成熟的深圳公务员聘任制改革,其实它配套推出的相当成功之处是将公务员分类管理,将行政机关公务员划分为综合管理、行政执法、专业技术三类,后两类公务员的职级提升,将不再受单位职级编制限制,而只取决于个人年功积累和工作业绩。只要满足职级提升的条件,就可以顺利提级,这相当于在现行只有为官一条路的情况下,开辟出了一条能够提高收入与地位的职级晋升之路,获得了好评。

(图片来源:CFP)

本文发表于 2014 年 8 月 1 日

什么样的人会考上海公务员？ 车公庙

上海人考哪儿

什么人会去考上海公务员,或者说公务员的"出身"是啥?作为一名过来人,再加上多年在体制内的观察,我想谈一点自己的体会。当然,这只是一家之言,未必全面。

很多人以为,上海人应该是报考本地公务员的主力军。但现实情况却是,这一主场优势越来越小。我们可以发现,每年考取市级机关招录应届生岗位的公务员,外地人会比上海人多。

个中原因其实大家都明白。第一,市级机关工作体面,且容易"进步",因此竞争激烈。与外省学霸相比,上海人在考试方面确实难占优势;第二,上海人"门槛"更"精"。市级机关只是"看上去很美",进去之后很容易成为小螺钉,难有存在感。反倒不如基层的一些岗位"实惠",容易出成绩。

所以,在上海的公务员职场,出现了一个很奇特的金字塔现象。越基层的单位,如街镇系统,新任公务员中上海人占多数。这既与语言要求有关,也与报考政策中限制应届外地生报考本地乡镇岗位有关;而到了区县机关,本地与外地公务员差不多半壁江山;等到了有些市级机关,就会出现倒挂现象。

本地人出身多平凡

接下来,我想分别谈一谈到底怎样的上海人、怎么样的外地人,才会选择考取上海公务员。

先说上海本地人。从接触过程中,我将他们简单划分为几种类型。

一种就是父母本身在体制内工作,但多是处级以下或普通职员,他们早早就给下一代规划好公务员这条道路。一般而言,这类背景的考生都有多年的考公史,因为他们没有太大的经济压力,房车父母多已备好,只要努力考入公门即可。而且,在父母与周边人的耳濡目染之下,他们确实有不少"过人"之处。

至于局级干部以及大富大贵之家,基本不会考虑让自己的孩子当公务员。在这些大人物眼中,公务员职业真心不是个稀罕的好活。他们的子女可以有更好的出路的安排。

这从我身边的上海同事家庭背景可得印证。他们大多人都出自平凡人家,老实本分,愿意做这份收入虽然不高但还算稳定、体面的工作。

还有一个群体值得一提。他们家庭处境基本在这座城市的底层,公务员职业对他们而言是一个改变自己乃至家庭命运的机会。当然,现实是残酷的,考入公务员后,他们就会发出感慨,干这份职业远不如等着棚户区的老房子动迁来得实惠。

外地生考公为落户

最后,谈一谈外地人争考上海公务员。据我了解,其中有很大一部分是在上海读大学的毕业生。因为有"成为公务员即能落户"的政策,考取公务员成为这批人留在上海的一个理想选择。

不过一个显见的事实是,这部分外地学生,出身上海名校者不多,普通高校的占据明显多数。

在我周边,复旦大学、华师大毕业的外地学生选择做公务员还不算太少,但同济、财大的却相当稀少。其中一个重要的原因,是前者里面有一些就业不理想的文科专业,考公成为了这些学生的无奈选择。而同济、财大的专业来钱能力强,在上海,进五百强、事务所、四大行还是这些学生的第一选择。

不过,华政毕业生成为公务员的却相当多,在上海的公、检、法系统及普通政府部门的涉法岗位,华政系的优势很明显。我们经常开玩笑说,华政已经成为上海公务员最佳培训基地。

特殊的"外地同事"

此外,还有供职于上海公务员的外地人,这个群体非常特殊。他们中的很多人甚至都没有在上海念大学,但就业的第一选择却是考取成为上海公务员。

　　这些外地同事有一个共同特点,就是家里条件相当不错,房子、车子已经备齐。而他们的父母,经过笔者观察,经商者有之,但更多的却是内地公务员,或者更准确地讲,是官员。

　　这个道理,就如北上广的家长希望孩子能够出国留学,然后就业移民,等到退休与子女在异国团聚一样。有些内地为官、经商的父母可能眼界还不够宽阔,去言语不通、生活习惯迥异的西方国家兴趣不大,反而孩子能当上京沪的公务员,等到将来自己退下后,就在大城市与子女团聚、颐养天年。

　　这样的外地人考入上海公务员系统的,为数不少。不过,这一趋势未必会长久。

　　第一,去年上海出台了外地生源往届毕业生必须持有上海居住证一年以上才能报考的规定,这客观上限制了外地人考上海公务员的规模。

　　第二,考虑到上海房价高、节奏快,而公务员收入不甚理想,比起生活惬意且压力较小的内地公务员,上海公务员对于外地人的吸引力确实一般,这会让很多"全国巡考"的考霸放弃来上海蹭运气。

　　虽然网上经常会传外地考入上海的男性公务员,被坐拥 N 套动迁房的上海丈母娘所看中。但这种事,也仅止于传说,真正靠此出人头地、改变命运者,凤毛麟角。

（图片来源:CFP）

本文发表于 2014 年 8 月 9 日

香港公务员的晋升之路 | 陈振宁

截至 2013 年年底,香港有超过 16 万名公务员,约占全港劳动人口的 4.2％。一般认为,该职业的薪酬福利较好,工作稳定,晋升前景较明确,所以较之社会上其他职位而言,公务员招聘的竞争较为激烈。

以 2013 年 8 月的公务员公开招聘为例,约有 1.7 万人应征政务主任的职位,而当时空缺只有 35 个,即平均 485 人争夺一个位置。而市场也出现各式各样培训课程,由专人教导有意应征者如何准备面试、笔试等。

香港现行的公务员体系可说是承接英国管治时期。根据《基本法》第 103 条,"公务人员应根据其本人的资格、经验和才能予以任用和提升,香港原有关于公务人员的招聘、雇佣、考核、纪律、培训和管理的制度,包括负责公务人员的任用、薪金、服务条件的专门机构,除有关给予外籍人员特权待遇的规定外,予以保留。"

在这安排下,香港的公务员体系在回归前后并无剧烈震荡,部分昔日的公务员更出任特区政府的主要官员。

一直以来,公务员被视为"政府最重要的资产",其选拔、评核以及晋升都有严格的规定。公务员的招聘政策是以公开及公平竞争为原则。一般而言,有意应征者投考公务员职位时,都会先通过政府语文考试和基本法测试。

符合要求者会被邀请参加面试、笔试或该职位所特别要求的其他考试(例如投考督察及警员便要通过体能测验)。获聘者通常会先按试用条款工作 3 年,然后才会被考虑以长期聘用条款受聘。

如今,特区政府已有一套公务员工作表现的评核机制,以作晋升或惩处公务员的参考。

根据公务员事务局局长王永平于 2005 年 2 月 2 日表示,评核安排是在评核期开始时,受评核的公务员会与其上司商定工作目标。至评核期结束,上司会就此进行评核。而评核报告会由一名比受评核的公务员高两级的人员加签。

评核机制采取 6 个评级,分别是:一是"优",即指表现优异,在质量两方面均大大超越应有水平;二是"良",即指表现虽非优异,但在质量方面均长期超越应有水平;三是"常",即指表现达到应有水平,且中间会在质及/或量方面超乎标准;四是"可",即指表现仅达最低要求,但无严重缺失;五是"差",即指表现有明确缺失;六是"劣",即指表现完全不能接受。

晋升安排上,当较高职级的职位出现空缺时,有关方面会在职系内拣选合适的人员作提升。而拣选标准包括有关人员的表现、品格、能力、经验及晋升职级所要求的学历或资历。只有在其他因素并未能分辨出最优异和合适的人选时,年资才会被考虑。

特区公务员事务局于2013年7月介绍了晋升机制的具体操作情况。

晋升选拔委员会由至少3名具备适当年资并普遍熟悉晋升职级的工作的人员组成。如果该委员会认为某人符合较高职级的职务,便可推荐该人升职;如果它认为某人未符晋升条件,或其履行较高职级的职务的能力尚待测试,可推荐该人署任(继续在原先职级工作)。

而晋升某人至高级及中级的职位前,须征询公务员叙用委员会的意见。公务员叙用委员会早于1950年根据《公务员叙用委员会条例》成立,是一个法定机构,由行政长官任命一名主席和不少于两名或不多于8名委员所组成。

该委员会会审视各政策局/部门提交的晋升建议。它可以向有关建议提出问题,而有关政策局/部门必须就此作出解释或提供理据。有关政策局/部门或会因应该委员会的意见,就某些晋升个案修改其建议。

现任公务员叙用委员会主席是刘吴惠兰。她早于1976年加入政务职系,在公务员体系内差不多工作了32年。她的能力和经验被视为其出任该会主席,以确保中高级公务员晋升相对公平的重要理据之一。

值得一提的是,公务员体制内有多个职系,而每个职系的职级不尽相同,例如政务职系便有七个职级;行政主任职系则有六个职级;训练主任职系便有五个职级等。所以不同职系的公务员的晋升阶梯可长可短。

现时不少特区政府的主要官员都是来自公务员体系,他们任职公务员期间,由职系的最低位置晋升至中高位置。

以现任政务司司长林郑月娥为例,她早于1980年便加入香港政府的政务职系。她在27年的公务员生涯中,由一名政务主任晋升至中高层职位,历任社会福利署署长、房屋及规划地政局常任秘书长、香港驻伦敦经济贸易办事处处长、民政事务局常任秘书长。

2007年,她离开了公务员体系,成为政治任命官员,至今成为政务司司长。有意见便认为,香港政制尚在发展,公务员体系是提供政治人才的重要来源之一。

长期以来,公务员体系被视为支持香港竞争力的基石之一。其选拔、评核以至晋升的机制,对其他地区也有一定的借鉴和参考意义。

(图片来源:CFP)

本文发表于 2014 年 8 月 18 日

沪公务员选调:我想二次择业 马料水

8 月 21 日,上海市公务员局发布《2014 年上海市公务员公开选调交流职位简章》,共推出市纪委、市委研究室、市发改委等单位共 184 个岗位,选调 216 人,现已进入报名阶段。一石激起千层浪,不少公务员"蠢蠢欲动"。

此次选调之所以引起关注,是因为这是继去年选调暂停之后,时隔两年,上海公务员选调交流大门重新开启。

在"市级机关将精简 10% 人员编制充实基层一线"的大背景下,这次选调交流虽相较于 2012 年的 318 人锐减百余人,但市级机关岗位仍占 7 成的比例,对于想往高处走的基层公务员,仍是一次极为难得的机会。

市级机关仍唱主角

此次选调,区级及街镇岗位仅选调 64 人。通过分析职位表可以发现,除黄浦区外其余 16 区县均有岗位提供,不过有 8 个区县只提供 2 个职位,可见区县对此并不热情,重在参与、完成任务的心态明显。浦东新区虽选调 16 人,但分析其所提供岗位,如高桥镇、曹路镇的职位,不难发现成色一般。

相对而言,市级机关共选调 152 人,超过 7 成,可谓主力。这不难理解。因为上海的公务员选调,更多意义上是面向已具备公务员身份人群的一次内部招考。

本次选调只有民革上海市委提供了一个组织部副部长的副处级职位,但含权量极为有限。其余岗位全部是主任科员及以下的普通职位,不涉及领导职务。

相较于街镇一线的普通职位,市级机关的职位在选调中具有先天的优势,特别是在"职位资格条件"中多限定有多年基层工作经验,可见得市级机关高高在上,他们不愁揽不到人才。

高含金量的凤毛麟角

此次市纪委内部处室选调 6 人,联想到中纪委对各级纪委壮大办案力量的要求,不难理解此时市纪委招兵买马的原因。另外,市城乡建设和管理委员会选调 18

人及市保密办选调 13 人,成了最大的接收地。

不过,传统意义上的好职位,仍屈指可数。

市委研究室内部处室选调三人,毋庸置疑将成为此次最热门职位,虽然注明要求撰写文稿、调研报告,明眼人马上就能看出这是极其辛苦的"材料岗",注定要写材料写到天荒地老。但市委研究室这一理想平台,仍是部分志存高远、执着仕途的年轻公务员的最佳选择。

市级机关的部分核心业务处室,也颇具含金量,如市金融办从事金融业务管理工作的岗位,市发改委提供的产业发展处岗位,以及市交通委员会的行政审批处、交通建设处等,到时也必将出现百里挑一的激烈厮杀。

这种好岗位毕竟是凤毛麟角,更多的则是不痛不痒的普通岗位,吸引力一般。

树挪死、人挪活

关注选调并积极参与者,除一部分心怀抱负、早就规划好公务员职场两步走(应届考入基层积攒经验,再选调市级机关施展抱负)的同志,大多数都是在现岗位上郁郁不得志者。

他们或不受领导重视,面临同事排挤,对于现有工作氛围心存失望;或者职级解决遥遥无期,基层琐事耗费太多精力,渴望去到更高平台;或者对于现有工作性质毫无兴趣,常常有党务部门的公务员选调去政府业务部门。

于是秉着"树挪死、人挪活"的原则,他们迫切想换个新环境,于是公务员选调也就成了为数不多的救命稻草。

前几年,我周围陆续有公务员同事选调出去,一位是因与领导分歧太大,日常工作难以开展,最终投奔市级机关,现在发展如意;另外一位则是因为副科职级迟迟不能解决,心凉无奈也只有选调离开。

参加选调是把双刃剑

相较于中央机关选调公务员,上海市公务员选调已经相当人性化,因为不要求报考时提供单位同意报考证明。要知道,若不是去意已决且自信能选调成功,过早暴露选调之心,只会让领导侧目、同事耳语。一旦选调不成功(事实上,大多数人都以失败告终),将在原单位处境非常尴尬。

所以,参加公务员选调是把双刃剑。但是,今年上海公务员选调仍然没有实现 1∶1 的政审考察比例,而是规定"一般按不超过 1∶2 的比例确定考察人选"。也许局外人对此数字完全无感,可是作为被考察的当事人,走到这一步必然面临着单位人人皆知的局面。

成功选调、雀屏中选自然可以挥一挥衣袖、带着原同事嫉妒的眼神轻松离开。可一旦不幸落选,难逃同事的窃窃私语、甚至幸灾乐祸的围观,以及领导的怀疑,处境艰难可见一斑。

况且,只是"一般按"这种模棱两可的说法,不知会否有单位又要打擦边球。前年,有同事报考的单位就自定了"1∶3"的考察比例,也许政策制定者想到的是多接触考生或许就能发现更好的苗子、可是对于公务员这一极其微妙的职场,过早暴露的后果相当危险。

流动更有助于稳定

如今,公选、选调已经成为公务员队伍中难能可贵的流动机会。当这扇门越开越窄,恐怕无助于公务员内部的健康稳定发展。所以,今年上海公务员选调的重启,对于现在辞职现象日渐增多的公务员职场,给那些对现状不满者多了一份选择。

因此,这种内部不同区县、不同层次岗位的选调交流,非但不会动摇军心、涣散队伍,反而会通过这一小部分的流动润滑,激起部分公务员的上进心,增加整个公务员队伍的稳定性。

(图片来源:CFP)

本文发表于 2014 年 8 月 24 日

机关实习生的三个秘密 | 恒　驰

在每年暑假期间,各级政府部门会开放实习渠道,欢迎在校学生来机关实习。作为上海某区直机关的一名公务员,这几年,我也接触了不少机关实习生。

实习途径：团委、学生推荐，自发简历

有人一定会问,到机关实习,是不是要有"门路"? 其实不是。据我所知,过去实习生的来源,主要是通过高校团委、学生会推荐,选择一些社会活动能力强、有院系工作经验的学生参加。最近,上海的一些机关开始尝试通过新媒体平台发布招募信息,学生可以自荐,这其中还有过暑假的海外留学生。

在我所在的部门,实习生投简历后,我们有个筛选,然后对合适的人选进行简单面试。经典题目是:"你为什么选择来我们机关实习?"答案五花八门,有的学生会含蓄地表示想知道自己是否适合在机关工作;有的是想在简历上添上有分量的一笔;也有的只是想看看神秘的机关到底长什么样子。

从机关而言,希望看到言之有物、比较诚恳的回答,比如对政府职能有一定的思考,这样会比较容易得到实习机会。

工作表现：实际操作和社交能力弱

实习生的实习期不长,一般只有 30 到 40 天左右,所以在给他们安排工作时,都是些上手快的工作,比如编辑档案、材料整理以及一些简单的文档处理等。当

然,必须遵守保密条例、工作守则、着衣事项等基本要求。

实习生们往往是高校的尖子,学业突出且工作有热情。但容我吐槽几句,他们实际操作能力以及与社会交际能力,真的挺弱。

举几个例子,不少实习生使用办公软件方面比较逊色。一次,我让小 A 做一个简单的 EXCEL 表格,发现他迟迟未交。原来,他不会使用 EXCEL 里面的"求和"功能,于是在用计算器一个一个地加;另一次,我让实习生小 B 去复印几份正反面的材料,结果,好一阵子后他折回办公室"求救",原来他只会单面复印。

有的实习生,面对大楼里其他处室不认识的老师,往往选择低头避开,而不是主动打招呼。我猜想,可能习惯了网络聊天的大学生们,在现实接触中显得不那么自然与自信。

没来机关实习之前,实习生对于机关的印象和外界一样——"一张报、一杯茶、坐一天"。不过随着实习的深入,他们发现,至少上海公务员根本不是那么一回事。

我今年暑期带的实习生小 A,一门心思奔着公务员考试去,这多多少少与他老家的公务员形象有关。据他所说,在他家乡,公务员就是清闲但有地位的代名词。

可惜,他的这次实习"不幸"赶上我们的忙碌期,其实这是我们工作的新常态。小 A 和我一起连续几天加班处理公文,甚至有一次为了核对一项数据到晚上 11 点才回家。忙过之后,这位北方小伙感叹上海的机关与他老家机关差别好大。结束实习后,他偷偷地告诉我,要慎重思考下自己的职业规划。

职业选择:年纪越大,对公务员工作越感兴趣

"85 后"和"90 后",不同年龄的实习生对公务员职业的热情也不一样。

谈到自己的职业规划时,85 后的小 B 总会含蓄地向我讨教公务员考试的经验,甚至在平时的穿着交流也努力与我们接近。前些年有一次台风横扫上海,滂沱大雨中他还保持着干部的着装,而我这个带教老师则显得随意得多。

同样是选择工作,小 A 则有着 90 后的直爽与迷茫,作为学生会副主席的他并不着急于固定自己的未来职业,更多地希望自己的人生经历是一场旅途。他告诉

我，打算边留学边游历，颇有几分"没有观世界，哪来世界观"的气魄。

我曾问过这些小朋友，是否会享受一份稳定工作。85后的实习生会告诉我，他们的职业选择是公务员、事业单位或者国企，所以他们抱着努力摸清自己未来可能的方向来实习；而90后的实习生则会说，要尊重内心的选择，如果感到机关无聊就会选择有让自己感到激情的工作。

这几年我还对实习生作了统计。如果来的是本科阶段的实习生，他们毕业后选择海外留学、进入企业工作的约占70％以上，剩下考取研究生和公务员的则各占一半；而研究生阶段的实习生情况相反，他们一半以上会首选报考公务员。我猜想，也许是经历了研究生阶段，他们对于自己的目标更加明确、更加现实了吧。

同时，从地域上分析，不难发现，外地来沪就学的同学比本地生更热衷于报考上海公务员。我思量，也许上海公务员对于一些来自二、三线城市的孩子而言，是改变自身身份与命运的龙门，至少，附加值高的上海户籍总有了吧。

最后，可能有人会问一个功利的问题：机关实习生对于考取公务员有帮助吗？我觉得不好说，现在的公务员考试其实更像应试，与实践没有太大关系。但在机关实习，对于年轻人而言还是一次难得的经历，只有经历过才会懂得精彩。

本文发表于2014年9月11日

怎样给区委书记当"秘书"？ 朱 慎

有一个公务员群体很小众，但也最神秘，那就是俗称"二号首长"的领导秘书。按规定，正部级以下领导配专职秘书属违规。事务缠身的区（县）委书记，联系接待、办理文书和交办事项这些秘书的工作由谁承担呢？

"秘书"有哪些

在区县，主要领导秘书的职能，由区委办公室承担。办公室编下设秘书科、综合科、督查室、研究室、机要室等单位。算上几位正副主任，区委办的编制也就在20人左右，但却是全区中枢神经。

区委办主任，也就是俗称的书记"大秘"，是一个举足轻重的角色。在各区县，区委办主任一般不入常委，只是正处级，但却是关键角色，相当于总参谋长的角色。他们的核心工作就是做好领导决策的参谋支撑工作，确保领导的思路、方针顺利贯彻实施。

区委办的工作职责很多，除了负责区领导的办公和后勤服务等工作，还承担区委日常文书处理、公文起草、档案管理，负责各类会议的会务和各种活动的组织协调工作，负责收集处理地区社情民意，以及机要文件传递和机要通讯等任务。因而，一般会有个工作人员，具体负责为主要领导工作服务的事务性工作，我们戏称之为"小秘"。他们与电视剧中企业家的秘书有点类似，比如会按文件重要性先后呈阅给领导，衔接好领导的每项工作安排等等。

还有一个"隐形"的秘书群体，他们并不常常出现在领导身边，但在领导调研、开会的场合，总能在角落里看到他们的存在，他们就是区委研究室的工作人员。区委研究室的主任，可谓是区委书记的高级智囊，而手下也往往有两三位写作方面的好手，就这么一个小小的写作班子，却总能恰如其分地表达出领导的想法，便于全区干部落实领导的指示。当然，这个"材料岗"很辛苦，从初稿到成稿，改几遍到十几遍都是常事。

"秘书"从哪儿来

习近平总书记曾就自身的秘书经历谈过对办公室工作的体会,就是四个字:重、苦、杂、难。

重是指地位非常重要,起到决策的参谋、智囊作用;苦是加班加点是常态,正常下班是奢望;杂则是事务繁杂,接待领导、基层调研等不一而足;难则是因为办公室工作全方位、开放型,要处理好上下左右各方面关系,还要适应领导工作风格和方法,服务到领导满意的高度。

这样重要的岗位,人选当然很重要。以区委办主任为例,往往是从全区的百余名正处实职干部中海选。

据我观察,区委书记多倾向于选择那些任职重要岗位做出明显成绩、并且工作思路与自己一致的干部来做"大秘"。

由于区委办主任是个提高掌控全局和综合协调能力的最佳平台,所以能走上"大秘"岗位的正处级领导,往往工作履历丰富,年龄一般在 40 岁出头,这类人也是副局级热门人选。

而那位平时具体负责区领导秘书事务的工作人员,一般首选区委办里年富力强的科级干部,但也不乏出身或者能力不凡者,可以在空缺时上位。

这位干部的年龄一般要在 35 岁以下,考虑到工作强度相当之大,谈恋爱的时间根本无法保证,所以本着以人为本的原则,单身青年基本不被考虑,领导更多倾向于那些已经成家且有孩子的人。

因为专职干部一定要与领导性别相同,如果碰到女书记时,选一位理想的专职干部相当有难度。因为优秀的年轻女干部不多,此时往往全区范围广撒网。"中举"的女干部虽然幸运,但是在未来几年秘书生涯中定会对家庭做出极大的牺牲。

"秘书"到哪儿去

区里的年轻公务员,对去领导身边工作,大概还是比较渴望的。

据《上海观察》最新解析的"70 后"新提任市管干部特点,办公室主任提拔几率颇高,28 名"70 后"干部中,担任原单位办公室主任、副主任的共有 7 人,4 名区委区政府的办公室主任、副主任,有的外调其他区县担任副区长,也有的去了市级机关担任副局级职位。

这倒很容易理解,本身这个岗位是很考验一个人安排和处理事务能力、素质乃至人品的,需要和方方面面、上上下下都沟通好,考虑问题也需要较高的层次,加上和领导处久了,总会被念及苦劳加功劳。

而担任区县一把手秘书工作的专职干部,因为本身基本都是正科级,所以之后有可能会提拔至副处实职,运气好者可以外放到比较实的单位做个副局长,或者到下面街镇做个副主任或副镇长,抑或留在区委办升任副主任。

别小看这"正科到副处",要知道,对区县基层干部来说,这一步竞争相当激烈。

当然,既然和领导绑在一起了,碰到领导万一出点什么事,"秘书"的处境也将无比微妙,想做一个普通科级干部甚至普通公务员都难遂心愿。"二号首长"这类小说之所以流行,恐怕也是这个道理吧。

(图片来源:CFP)

本文发表于 2014 年 9 月 16 日

公务员：接领导电话，压力真很大 | 郑坚白

近日，《上海观察》发布了《大领导来电话怎么办》一文。作为一名机关科级公务员，我对文中提出的一些困惑感同身受。一方面，我也很希望领导能来电，借机引起他的关注，另一方面，我又诚惶诚恐，唯恐讲错一句而有所闪失。其中纠结焦躁的心情，非体制内的人难以理解。

想和大领导说上话，有点难

现在的领导，由于工作繁忙，在机关的时候大多待在自己的办公室里处理文件。因此，对于具有明显级别差异的公务员，比如科级干部与局级领导，想见上一面，不太容易。

以笔者所在区为例，所谓的"大领导"，除了党政一把手之外，也就副局级的区委常委和副区长能位列其中。这类领导，日常工作主要接触区委、区府办主任，外出调研则主要听取各单位负责人汇报。列席人员一般至少是副处级干部。因此，对于普通科级干部而言，除非有特例，很少有机会能列席大领导的调研活动。

毋庸讳言，眼下体制内的等级观念还比较明显。简单地说，就是一级对一级。虽然这样略显机械的制度可能会降低工作效率，但它能存在至今有一定的道理，因为它能保证当下政府各项工作的有序进行。因此，不该将之一棒子打死。

于是，像《大领导来电话怎么办》文中提到那样，县委书记直接拿起旁边人的手机给副镇长打电话询问灾情，而让副镇长误以为是恶作剧一事，我觉得是情有可

原的。

因为按照体制内的常理，作为全县最高长官，县委书记是不会直接给副镇长打电话的，因为这样就直接跳过了县长、副县长、镇委书记、镇长四个层级，不仅会乱了官场规矩，有时还会忙中添乱坏了原有的工作秩序。

想同大领导通电话，不容易

在《大领导来电话了怎么办》一文中，作者分析了领导为何偏爱用座机，不过在我的日常接触中，一定级别以上的领导就很少用电话了，不论座机还是手机。

首先，领导的手机号要严格保密。单位内部通讯录，领导住址和联系方式一栏常是空白，而领导名片上所印的直线电话，已经被设定为只有内线电话才能直接接入。此外的所有来电，都会自动转到秘书或者办公室主任的座机上，只有他们同意转进，电话才能打进领导的办公室。

因此，领导办公室的座机基本上是常年安静的，而隔壁办公室主任或者秘书的座机，却是终年铃声不停。当然，能被他们转入领导办公室的电话并不多。原因很简单，不是领导的上级，又没有领导的手机号，这样的电话秘书处理已经足够。

此外，如果领导想主动联系某人，无论是同级还是下级，除非特别紧急，一般情况都会让自己的秘书去给对方秘书打电话，在两位秘书确定好时间地点之后，领导就可以直接洽谈了。

只有一种特殊情况，就是领导的领导的秘书，直接给领导打电话，这时候领导就会打起十二分精神来听秘书的"指示"。因为这个时候，秘书的话，全都是领导的领导的话，字字句句不能落下。虽然前一句话有些绕，但却是机关的真实写照。

接大领导的电话，压力大

作为一名科级公务员，将领导的电话存入手机是常识，这不是为了打电话，而是哪一天领导来电能从容应对。据我的经验，如果是好事，领导是不会打电话来的,领导来电要么是布置紧急任务,要么就是坏了事,而如果隔了多级的领导来电,那更是让人压力山大。

之前我在区机关办公室工作,虽然头上还有区办主任,但我也会偶尔与大领导直接打交道。有一次机关值班,我负责上传下达。结果当晚9点多手机响起,一看是大领导来电,当时就心跳加速、不知是福是祸。因为入职几年来,虽然白天经常为大领导送文件,但是还从未接到过他的电话。

果然如此,当天的上传下达工作,我曲解了领导的意思,险些酿成大错。领导很不满意,一查值班表,索性就越过主任直接把我批了一通,最后丢下句"你去给XX解释",就挂了电话。这个电话,是我公务员生涯中刻骨铭心的记忆。自此以后做事便万般小心、唯恐再次犯错。

不过直到如今,我再也没有接到过大领导的电话。

为大领导接电话,学问大

正如《大领导来电话怎么办》一文所言,在机关办公室工作,接电话是很重要的工作。可是别小看了接电话,里面的学问却相当大。因为有不少来电,言必称找领导,万一给领导转进不该进的电话,那就很麻烦了。

据我的经验,打电话找领导的有很多种情况,不过处理这些来电的原则却很简单,就是先说"对不起,领导正在忙,请您留下联系方式,我们找机会向领导汇报"。

一种情况是,某人在某个场合拿到了领导名片,想与领导拉近关系,而领导名片上又没有手机号,只能到办公室来找领导。这种情况下,我们会礼貌地婉拒他与领导直接通话的要求,然后记下对方的名字和来电原因,再找机会向领导汇报,是否联系自然应由领导定夺。

第二种情况,是与下级单位有业务联系的各种商人,精明的他们费劲各种手段找到了领导的办公电话。对于这种情况,我们一般会冷冷地表示领导很忙,就挂断电话,当然更不会向领导作汇报。

还有一种是领导的旧知或朋友,因为长时间疏于联系而没了手机,于是只能根据新闻中看到的领导职务打到办公室来,希望与领导重建联系。对于这种情况,我们一般根据来电者的真诚度和言辞间的修养度,来判断对方是否是领导认可的朋友,以此来决定是否向领导作汇报。

需要指出的是,这种接待方式绝对不是在敷衍搪塞。因为很多电话,确实不应该接给领导,既打扰领导的工作,也会带来不好的影响。做好接电话工作,其实也是机关有序工作的重要一环。

(图片来源:CFP)

本文发表于 2014 年 11 月 3 日

我们该怎么为官员打气 洪巧俊

一位官员曾对我说,他很想干些有利于老百姓的事,但往往事还刚开始,就议论纷纷,有冷嘲热讽、有反对声音,怕干了反而不利于自己的仕途,最后就不再干了。

时下,有些官员认为多干不如少干,干不如不干,能推则推、能拖则拖,说什么"啥都不干,难找缺陷。不做事情,不担风险。组织考核,没有缺点。"当然,也有官员想干事,又怕别人说事,怕网民吐口水。

俗话说,"打碎碗的往往是洗碗的人",从现实中看,有时事干多了的确会遭人议论、被人吐槽。再说事干得多了,难免就有差错,一旦出错就会被吐口水,甚至被追责。

从体制的角度反思这种现象的同时,舆论也应该思考一下,究竟该怎么为想干事的官员打打气、激励更多想作为、能作为、善作为的干部大显身手?

首先要申明一下,我不是一个官本位主义者。虽然在家乡从政过十多年,当过县委部门的负责人,但我却始终是政府官员不作为、腐败的批评者。从事时评杂文创作几十多年,批评和针砭时弊的文章占了主导,而点赞和歌颂却是很少。

当然,批评政府官员的不作为,抨击腐败这也没有错,如果用"官样话语"说,那都是为了政府更加廉洁勤政,社会进步。但是我们忽略了这样一个问题,一味地批评和挑刺,并没有起到改观作用。

其实官员也是人,他们同样喜欢有人点赞和表扬他们,同样需要有人激励和鼓掌。没有人喜欢天天说他这也不行,那也不行,这样的评价氛围显然会使人心情不快而消极,甚至堕落。政府是人组成的,道理当然也是一样的。

但问题是现在官员似乎做什么都不尽如人意。工作干坏了要挨批挨骂,做好了也是如此,这就真的让官员难以适从。官员挤公交车说是作秀,捡垃圾是不务正业,帮农民收割稻子是做做样子……总之,官员做什么总有人嘲讽,吓得官员再也不敢做了。

比如官员拾垃圾就该点赞,咋就是不务正业?拾垃圾,深入的是底层,接地气,总比天天坐在办公室好,总比一些官员打麻将、打高尔夫,进会所好,其实官员再忙,抽点时间去拾垃圾还是可以的,尤其是主要领导起到示范作用。

　　家乡一位当乡长的朋友说,那时,市委书记拾垃圾,接着是县委书记拾垃圾,乡镇党委书记拾垃圾,后来变成全市乡镇干部下乡拾垃圾,农民喊他,指着旁边的垃圾说:"乡长,这里有一堆垃圾。"他说,那农民喊声真的像个主人,自己当了一回"仆人"。"我赶紧去拾,当看到我把垃圾拾完,老农却说,这样才能真正和群众打成一片。家乡农村的卫生,也就从这个时候好了起来。"你说,官员拾垃圾要不要点赞呢?

　　去年10月,被央视评论员白岩松批评的"这属于鞋没进水,脑子进水了"的浙江余姚三七镇的一位干部,让60多岁的村支书把他背进了重灾户的家里头,结果被人拍了照片,给曝光了。于是有不少网民说官员是作威作福。

　　当时我写了一篇评论《另一种视角看余姚的"背人门"》,不赞同这样的观点。有一次我和乡里的老书记下乡察看灾情,路上被洪水拦截,了解他有风湿病的村干部指挥几位农民把他抬到了村里,当老书记站在村子里的戏台上,他眼睛湿润了,说:"灾情还没察看,就给你们添麻烦了。"农民兄弟却说:"老书记,这样的麻烦再多我们也乐意,因为你是来为我们解决麻烦事的。"

　　我们应该鼓励官员深入基层,与老百姓打成一片,真正形成鱼水关系。比如我说那位老书记,他是被当地老百姓称为"水利专家"的,如果也像现在这样拍成照片,然后放在网上,说他要老百姓抬,那是不是更骑在老百姓的头上作威作福? 以后再请这位退了休的官员"水利专家",他还会来吗?

　　有的时候,我们要换位思考,对官员深入基层,做些类似于拾垃圾、割稻子的事,不要动不动就吐口水,而应给他们多些点赞。对于那些想为老百姓干实事、干好事的官员要多些宽容,多点安慰,多说些激励的话,只有这样,他们才会积极干对咱们老百姓有利的事。

（图片来源:CFP）

本文发表于 2014 年 11 月 6 日

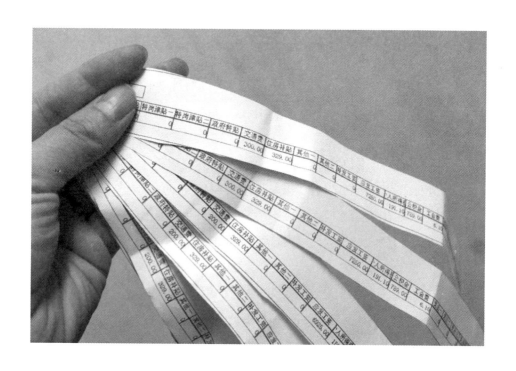

公务员：我的工资有多少？该多少？ | 严廷修

公务员工资收入可谓是长盛不衰的话题,之前在接受人民网采访时,北京某位司长称月薪就 8000 元左右;《中国青年报》采访国家部委一位处级官员,被告知每月到手收入 5881.7 元。

不管你信不信,作为一名公务员,我相信这是他们全部的公开收入。按老规矩,先自爆收入:一位区级机关副科长,10 月工资实发 874.60 元,津补贴 5567 元,合计 6441.6 元。去年公车改革,副科长每月另有不能取现的车贴 800 元和食堂就餐补贴 600 元,总计 7841.6 元,除此以外,仅剩下年终奖,一般维持在 12000 元左右。合计全年总收入在 11 万以内。

有些同志会讲,这份收入不错,比大学生起薪高多了。但是,这是一位在体制内工作了近 10 年公务员的全部收入。

自从进入公务员队伍以来,老同志的一句"公务员工资已经连续 X 年没调整",每年只需要在年份上加个 1,并且不知加到何时是尽头。同样的 5000 元收入,放到七八年前,房价尚未疯涨,房补还能够凑合当一个中环附近小两房的首付。而如今,房价水平达到历史峰值,而公务员的工资收入,却依然在原地踏步,至今未变的房补,中环内如果还能买个卫生间都已知足。

如今,本市公务员的全部收入,在今年上半年规范津补贴之后,基本只剩下工资、津补贴、年终奖(第一年改革,还未知其真面目,参照往年,科员 1 万元左右)三部分,另有根据不同单位而略有差别的车贴与饭贴。于是,一般情况,一位工作年限不长的科员的全部年收入,应该在 10 万元左右。这个总收入会因具体的工作岗位而略有不同。

我知道,每次有媒体喊出公务员工资低,马上就有人回应——你们的福利好。这种信息不对称,是时候打破了。

公务员福利,完全因单位而异。作者见到过有些单位动辄发放电影票、食品券的,也见过借搞活动发放 iPad 等电子产品的,当然这些都是八项规定之前了,八项规定之后,虽然还有个别单位还有小动作,但也都放不上台面了。

我所知道的,是往年春节、中秋这些节日前发放的一些应景食品,现在已经全部取消了。留存的福利,也就三八妇女节、六一儿童节时,女同事以及有小孩者能够分到两张电影票、一桶爆米花了。今年开运动会，单位小心翼翼地为参赛同志买了套队服，还多次强调不要声张，想必也算一个福利吧。

我还知道，有一家著名国企，在中秋节前给每位员工发了 10 个食堂自制月饼，第二天就宣布向每人收 20 元钱，以此表明发月饼不算单位福利。

至于广大群众所想象得的，当了公务员，家中柴米油盐酱醋茶都不必买了，更有多次被人问房子分了吗。我想，那还是上世纪五六十年代的记忆吧。我只知道现在在中午机关食堂，诸多处级干部依然排队买 0.5 元一个的馒头、1.2 元一个的肉包回家做点心，并且每人最多只能买十个。

再多说几句钱的事吧。据统计，2013 年上海本科应届毕业生的起薪达到年收入 5.3 万元，相较于此，初入公务员职场即有近 10 万元的收入，确实挺理想。但是一个不容忽视的事实是，相对于企业中即使职位不升每年收入也有 8% 左右的涨幅，公务员的收入却是一潭死水般的平静。

我曾经做过单位全体人员的年度收入"过路表"以及个人晋薪的报批表，对于公务员收入的涨幅，只能用"不忍直视"来形容。对于职级没有提升的公务员，每年只靠增加的工龄增加收入，平均涨幅在 100 元左右。而在公务员序列中，很多基层单位的公务员，领导也才是科长，升任副主任科员都要排多年的队，可想而知有多少人每年都在原地踏步。

如果好不容易杀出重围晋升一级，副主任科员的收入相对于科员，也就多 600 元左右的津补贴和 400 元的车贴，多了这 1000 元之后，之后不知道又要多少年的沉寂。

即使官至正处级，以笔者单位的领导而言，有 20 多年的工龄的实职正处级领导，全部收入也就在年薪 15 万元左右，这与市场上 40 多岁的高管动辄几十万相比，实在微不足道。而这些实权一把手，很多时候他们过手的经费却以百万甚至千万元计算。

至于老百姓看到的某个官员又贪污受贿多少亿的新闻，永远是别人的故事。对于更多工作在基层一线工商、城管以及机关里那些整日埋头奋战材料的普通公务员，那些故事永远与自己无关。

我一直觉得,现在公务员收入饱受弊病苛责,一来与收入不透明有关,而这点完全可以规避,本来就不是高收入群体,不怕群众仇钱仇富,真正敞开了反而烟消云散了,政府的公信力也随之增加了;

二来与贪官造成的恶劣印象有关,官员用手中的权力寻租积累财富,这本来就与普通公务员辛勤工作的合法收入不是一回事,再加上这种寻租是冒着断送仕途乃至葬送生命的风险,更不应在讨论普通公务员收入时以此歪曲。

作为一名普通的公务员,选择这份职业就没想大富大贵,但是也未曾想到生活会愈发艰难,只希望能建立起合理的工资收入增长机制,这样才能更大范围内调动普通公务员的工作积极性,树立起高效、廉洁的政府形象。

(图片来源:CFP)

本文发表于 2014 年 11 月 17 日

上海公务员：车改对我的影响 关欣鹏

今年 7 月,动意多年的公车改革突然加速,中办、国办联合发文,全国范围内的公车改革正式拉开大幕。

其实,上海公车改革已经悄然开展了两年多。作为一名本就未能享受公车待遇的小科员,公车改革却也实实在在地影响到了我的工作和生活。

原来人不多车不少

6 年前,当我刚进这家副局级单位时,发现这里人不多,车不少。局级领导享有专车自不必说,几位资历老的正处级领导,也是专车司机齐备,副处也是两人一车的待遇,每天上班也就有了顺路接两位领导的情况。

于是,单位里的几台公车,基本都归到了每位领导的名下。对于普通的科员,用于日常公务应急车辆却有点捉襟见肘,如实在急需车辆外出办事,反而还要让办公室协调借用领导的车子,这也是车改之前很多单位的公车现象。

两年前,上海市各区县、市级机关开始陆续进行公车改革。车改一般各区结合区情制定方案,包括现有公车的清理、拍卖,以及制定车改后交通补贴的发放政策。

车改的基本框架就是取消处级领导专车,除保留必要的机要通信、应急、特种专业技术用车和一线执法执勤岗位车辆,取消党政机关一般公务用车,转而实行货币化补贴。此举意在遏制“车轮上的腐败”,对“三公”消费中公车花费实现制度解决。

交通补贴发放到处级及以下所有公务员,补贴标准因各区县区情不同而有所差异,发放形式通过本市某银行专门定制的信用卡来操作,可以用来为交通卡充值或者加油,但是无法取现。

处级干部有得有失

对于这次车改,本已享有公车待遇的处级领导,基本还是以支持为主。一来是因为大势所趋,取消领导配车,公务用车透明化、货币化是不断深化改革的必然;二来是车改后处级领导除了每月开始享有一笔数目尚可的交通补贴外,还领取了一笔类似于"买断工龄"的现金补贴,数目在几万元不等。所以在许多区县密集车改的那段时间,也是不少汽车 4S 店生意红火之时。

不过毕竟是对自己动刀,买新车的喜悦过后,每日开私家车上下班和外出开会,一些处级领导也开始怀念车改前的美好时光。

相较于改革之前的专车与司机,车改之后虽然多了一笔还可以的车补,但是相对于司机专车接送无须劳神,开着私家车上下班所耗费的精力、养车的代价也让部分处级干部有些感概。

科级干部成受益者

此轮车改,科级干部则成为了一批幸运儿。改革之前,单位里的公车,与科长、科员们基本无缘,最多偶尔需要急送文件让办公室派车应急,至于上下班公车接送则是奢望。但车改之后,却是每月多了少则几百、多则千余元的交通补贴,所以车改受到了科级公务员的热烈支持和响应。

不过,两年前暂时不动的局级干部,则遇到了十字路口。根据今年 7 月份中办、国办通知,明确规定取消副部级以下领导干部用车,这给局级干部的公车配备带来不小变数。

交通补贴多不多?

两年前上海的那轮车改,主要在各区县和市级机关进行。

相较于今年 7 月中办、国办车贴发放的规定——司局级每人每月 1300 元,处级每人每月 800 元,科级及以下每人每月 500 元。彼时上海车改的交通补贴还算可观,有些区的科员也有 400 元,而科长则在千元左右,正处级领导基本都近 3000 元。

交通补贴,到底多不多?那时网上也有议论,讲公司里的职员从未听说过还有交通补贴这回事,于是抨击公务员待遇好的言辞也很激烈。不过客观讲,以我的了解,不少待遇好的公司,确实也有通勤费这个工资栏目,或者干脆有单位的通勤车。

所以就事论事,在没有了公车的情况下,公务员外出开会、办公事也确实需要一定的交通补贴。

以科员 400 元标准为例(郊区以及一些经济条件好的中心城区,科员的补贴更多一点),坐地铁上下班绰绰有余,区内每周两次开会打车,也基本够花。所以对于一些没什么会的小科员来讲,这笔收入也算不菲。而对于一些事务缠身的科级领导干部,千余元的补贴就有点捉襟见肘。

之所以会出现旱涝不均的情况,主要还是因为交通补贴采取了按行政级别一刀切的方法,而不是因岗而定。在实际的公务员队伍中,有些部门的岗位完全不用外出,而有些部门则需要频繁地外出调研、联络,补贴不够花也实属正常。

但我周边的公务员朋友对这次车改还是持肯定态度。因为相较于车改前的公车主要为领导服务,且开销较大,现在公开透明的补贴政策,还确确实实为中下层公务员群体带来一定福利。

另外还有一个不曾意料的收获,是车改无形中拉近了领导与下属的距离,一些处级领导车改后仍没买私家车,于是和下属同坐地铁的现象也变得平常了,一改往日车进车出的形象,这也符合中央提倡的八项规定。

不过问题来了。随着今年 7 月两办发布车贴发放的规定,周围的同事又开始忐忑不安了。客观而言,中央规定的补贴标准实在不高,司局级每人每月才 1300 元,在北上广等一线城市,对于公务繁多的局级领导来说,这点钱很难满足交通需求,而中央发布的指导意见又明确提出了补贴标准的上限,即地方公务交通补贴标准不得高于中央和国家机关补贴标准的 130%。

于是我的一些公务员朋友,大家都在盘算着,这个 130% 到底该如何理解呢?以科员车补的 400 元为例,是不能高于 1.3 倍即 $400 \times 1.3 = 520$ 元,还是增加的部分不能高于 1.3 倍,即不能高于 $400 \times (1 + 1.3) = 920$ 元呢?众说纷纭,真心考验大家的数学运算能力。

(图片来源:CFP)

本文发表于 2014 年 12 月 25 日

民　生

"年入70万不够用"算哪门子危机 | 别问我是谁

我的"中产危机"

时钟指向 22∶00。每天的此时,当夜渐渐深起来时,不知谁家电视的声音吱吱呜呜从窗外飘进来,仿佛让人感受到一些久违了的属于过去那个年代的悠闲与无聊。女儿发出了均匀的呼吸声,我知道,接下去的一个小时属于我。我通常用这一个小时阅读,或者思考,或者做点别的什么。

不知从何时起,我被周围人称为这个社会里的"中产阶层",这是一个很诱人同时又让我感到些许迷惑的称呼。

我不知道周围人的平均财产是多少,自然也就不知道自己是不是"中产"的那一份子。但我知道自己似乎每天每时每刻都需要勤勤恳恳兢兢业业地生活,但仍然充满了各式各样的困惑。所以,我很难确信自己是否真的跨上了那级被称为"中产"的阶梯。

我生活在上海,20 世纪 70 年代末出生,毕业于全国重点大学,恋爱买房结婚生子按部就班,人生就像教科书上教的那样,一步也不差。丈夫毕业于一所名校的热门专业,还是博士。新世纪的头十年里,我们还清了内环一百几十平米的房贷,开着一辆 20 万的家用车。

就这样浑浑噩噩流水一般地度过了人生的前三十年,我发现自己逐渐成为身边人眼里的"中产阶层"。于是乎,"中产阶层"的烦恼也就应运而生了。起先只是掀起一些小浪花,后来却逐渐涌成了大潮,简直让人透不过气来。所谓"中产危机",大约就是这样的吧。

花销不小、存款不多

危机之一,首先是没钱。对,你没看错,最直观也最现实的烦恼就是——没钱。

且听我慢慢道来。我们目前的家庭收入税前大约为 75 万—80 万。除去税金养老金各种金,大约 25 万—30 万,所以到手差不多是 50 万上下。开支如下(见附表,制图∶邵竞)

一. 水电煤电话物业小区停车等公用事业费
1500元/月
一年18000元

二. 车辆加油停车
1800元/月，一年21600元
保险费4000元/年
车辆折旧费20000元
罚款500元/年
一年小计约50000元

三. 孩子教育
学费一年33000元（私立小学）
餐费一年2500元
校车费1000元/月，一年9000元
乐器学习1600元/月，一年18000元
奥数课7200元/年（机构）
外教课240元/次（机构），一年12000元
游泳课250元/次（私教），一年12500元
跳舞课110元/次，一年5500元
各类考级比赛演出报名费服装费等杂费约5000元/年
以上小计一年约100000元

四. 餐费
每天大米油盐蔬菜鱼肉牛奶酸奶等，100元/天，一年约30000元
早餐50元/天（工作日送娃偷懒喜欢在咖啡店吃），一年约10000元
夫妻俩午餐50元/天，一年大约15000元
每周外出家庭聚餐，300元/次，一年约50次15000元
水果（网购），2000元/月，一年约24000元
家用咖啡豆，100元/周，一年约5000元
坚果巧克力奶酪等零食，一年约3000元
以上小计一年约100000元

五. 日用品
各类牙膏牙刷洗衣粉餐巾纸等，1000元/年
护肤品化妆品等，10000元/年（免税店）
家用品替换，3000元/年
以上小计约14000元

六. 置装
内衣（每年定时全家统一更换），3000元/年
女士和儿童春夏秋购衣（儿童衣服代购为主，女士衣服网上买），2000元/季度，冬季3000元，一年约10000元
男士（免税商店、OUTLETS买）3000元/年
以上小计一年约20000元

七. 奢侈品
香烟1000元/月，一年约15000元
红酒200元/瓶，一年自买20瓶左右，约4000元
包包、围巾、鞋子10000元/年
美发、美甲、健身一年约20000元
以上小计一年约50000元

八. 兴趣爱好
书籍及阅读，一年约3000元
鲜花及种植，500元/月，一年6000元
电子产品一年约10000元
以上小计一年约20000元

九. 人情往来
各类人情往来（婚丧嫁娶满月酒等）一年5次，每次1000元，一年约5000元
各类礼物，一年约5000元
双方父母过年过节节日礼品一年约5000元
以上小计一年约15000元

十. 旅游
一年一次长途旅游约50000-60000元
两次中短途（自驾）游约5000元-10000元/次
以上小计一年约70000元

十一. 保险及意外事件
保险及意外事件：保险一年约10000元
医疗费用及意外事件约10000元
以上小计一年约20000元

这就是我们一家全年的开销，约40万元左右。当然，我们不是月光族，但不得不说，我们能存下的钱真的很有限。当然，孩子在上小学之前，教育费用没有那么高，但那时我们的收入也稍微低一些，所以每年能存下的钱基本也就一年10万—20万之间了。

如果再加上一些简单的投资（实际上也没有太多余钱去投资），例如股票或理财产品,可以想象,我们十年来的积蓄是算得出来的。

未来十年的巨额开销

这么多钱,还有存款,看着也够花了,不是吗？但想到将来,我还是不免焦虑。毕竟,根据正常情况,未来十年我们除了每年仍然需要这样的开支,还有以下这些开支是需要准备的:

1. 子女教育:女儿如果在 18 岁高中毕业就出国的话,我们就至少需要准备 200 万的存款;如果她高中需要读国际学校,支出需要增加 100 万。孩子的教育可以说是未来十年最大的开支。

2. 医疗:家里的四位老人,未来十年都将进入 80 岁左右的年龄段,而我们自己也将进入四五十岁的疾病高发年龄段,50 万—100 万的应急医疗费用,可以说是救命钱。

3. 养老金准备:十年以后,我和先生都将步入五十岁左右的中年期。退休后的生活要能保持一定水准,更多仍需要依赖于我们自己养老金的准备。以现在物价一年 60000 元支出的考虑,两个人如果都有幸活到 85 岁,就需要准备 150 万的养老金。

4. 子女结婚:不管别人怎样想,我女儿结婚时,除非她自己不要,不然我会尽力为他们的小家庭助上一臂之力。我们这样的家庭,准备 100 万左右差不多吧。

5. 个人培训:越接近四十,随着"中产"生活的轨迹越来越清晰,自我的提升也变得迫切而重要。尤其是在陪伴孩子成长的过程中,也逐渐发现了自己的肤浅和不足,因此更确信也更有目标地希望在自己向往的领域中可以有进一步的发展。我的目标是考出心理学硕士学位,大致所需要的经费是 15 万元左右。

6. 大宗开支:更换车辆大约在 30—40 万,置换或房屋装修及各类电器更换,大约 40 万—50 万。

综合以上,差不多在 550 万—650 万之间。看官们显然都看出来了,根据我们的收入情况,拿出这笔钱是很困难的。

"中产"的纠结底色

行文至此,我知道已经有无数砖头啊朝我飞过来了,炫富? 矫情?

估摸着整理一下吐槽点:1. 不在家吃早饭你会死啊? 2. 一个月养花要那么多钱,花痴啊? 3. 小孩外面学那么多你懂不懂什么叫快乐的童年啊? 4. 内衣每年都换,你这是吃啊? 5. 出什么国,你以为读不好书的孩子出国就能读好了? 6. 小孩结婚是她的事,你管得了么;7. 什么? 美发按摩要花那么多钱? 8. 自作孽不可活要求那么多活该有烦恼;9. 不装会死吗? 还喝咖啡喝红酒呢……

好,所有吐槽我通通接受,但这就是我的生活:

关于早餐,我希望自己能在每天开始的时候,有一个比较安静和宽裕的时间吃个早餐,而不是一口包子一包豆浆匆忙上路那么局促;

关于孩子业余补课,我认为自己没有过硬的背景也没有可以复制的成功经验,既然是社会人我更信奉顺势而为,谁也不是绝对独立和自由的个体。跳舞、游泳、奥数、英语,只要父母引导得当,孩子都能从应试的窠臼中得到宝贵的学习经验和乐趣;

关于内衣问题,事实上只要你愿意,你完全可以发现穿了一年的旧内衣松松垮垮得不成样子,以至于一个人一想到自己不能被人看到的部分是拿不出手的,并且对自己的身体那么不在意,就让人觉得沮丧;

至于出国的考虑,我想任何一个年代任何一个国家的中等收入家庭,都会希望自己的孩子获得更广泛的国际视野,从而获得更大的选择空间;

……

也许有人会问,这些都不能少吗? 当然不是。在我看来,这并不是30万一年和3万一年生活水准的差距问题,而是在任何一个收入区间内,人都有权利也有义务认真而进取地活着。这是我想要的生活,我就有权利也有义务为这样的生活蓝图而努力。

但正如前文所述，我不得不减少一些开支，或者说，需要开动脑筋寻找一些只需要更少成本的生活样式，或是寻找到更好的投资方法，让我的财富有可能更快速地增长。

因此，一个所谓像我这样的"中产阶层"真实的情形是，我每天疲于奔命，精打细算，不敢浪费。所以，我一天里的日程是这样的：

6:30
分起床，清醒一下头脑，穿衣洗漱，然后哄孩子起床，穿衣洗漱。

7:15
准时开车送孩子吃早餐及上学。

8:00-9:00
在这宝贵的一个小时里，我可以安静地在咖啡馆坐一会儿，想一想今天要完成的工作，要见的人，最近购买的东西并迅速在网站上购买付款。我还需要整理一下近期孩子在学习上需要注意的事项，考虑是否应该调整一下学习重点。

9:30
我满面春风地出现在办公室，精神饱满地工作。紧接着就是一整天的会议，或是具体的技术工作，或是和年轻的员工谈话，或是和同级的同事尽力做着沟通，我不得不用力地去感受他们各自的立场，常常提醒自己"换位思考"，或者及时跟上时代。

12:00-13:00
如果没有工作午餐的话，我会边吃饭边阅读，或是抓紧时间浏览一些和工作相关的微信、论坛。因为我必须非常认真地对待自己的工作，以免失业或被边缘化。或是借着散步的时候，到附近的老街淘一些自己喜爱的花盆、装饰品或其他生活用品，这也是一段比较自在的时间。

13:00-17:30
下午的时光，我需要一心多用，用最有效率的方式完成工作，然后时不时关心着女儿班级微信群里老师有没有新的指示，或是竖起耳朵听着接孩子放学的外公有没有带回来学校的消息。

16:00
我要看准时间打电话给孩子，让她在一天的课业后得到一些母亲的慈爱，并鼓励她完成作业。

17:30
我必须用最快速度赶在晚高峰来临之前开车回家，我一直庆幸自己在小区里有一个固定车位，要知道回到小区抢车位这件事，往往会成为一天压垮骆驼的那根稻草。

回到家，我可不希望自己是一个疲惫的妻子或母亲，所以我希望和孩子谈一会儿话，共进晚餐，然后叮嘱她继续完成各科的作业。

晚餐后我们必须运动一会儿，然后吃水果练琴洗澡各种阅读。我会在期间偷偷开会儿小差，到露台上看一下我亲爱的植物。每天大约有二十分钟，我会如此感谢自己所处的世界以及这片刻的闲暇，仿佛二十分钟就是一个世纪，小小的微观世界里就蕴藏着整个宇宙。

然后就到了现在，此时此刻，我开头写到的这个场景，我会喝一杯，或者和丈夫对饮，与他交流一下工作、生活或接下去一个假期旅行目的地的看法——我们都明白，我们需要打起十二分的精神，好好维持并对待现在的生活，我们不能失业，害怕生病，不能松懈，也不允许自己闪失。

有的时候，我会觉得那样幸福，如果这样的生活每天继续下去；但也有的时候，会突然觉得那么恐慌，如果这样的生活每天继续下去的话。

（制图：邵竞）

回到家，我可不希望自己是一个疲惫的妻子或母亲，所以我希望和孩子谈一会儿话，共进晚餐，然后叮嘱她继续完成各科的作业。

晚餐后我们必须运动一会儿，然后吃水果练琴洗澡各种阅读。我会在期间偷偷开会儿小差,到露台上看一下我亲爱的植物。每天大约有二十分钟,我会如此感谢自己所处的世界以及这片刻的闲暇,仿佛二十分钟就是一个世纪,小小的微观世界里就蕴藏着整个宇宙。

有的时候,我会觉得那样幸福,如果这样的生活每天继续下去;但也有的时候,会突然觉得那么恐慌,如果这样的生活每天继续下去的话。

我似乎别无选择

就是这样一个被称为"中产阶层"的我,说来说去其实仍然为钱发愁。每天不敢停歇,看着赚得不少,实际上剩的不多。看着满怀梦想,实际上脆弱得很。

不敢为了投资而买房,或者做一些更有收益的投资,怕市场不稳定孩子教育经费缩水;不敢为了情怀辞职,怕家庭收入不稳定生活样式大爆炸;也不敢屈从现实抛弃理想,怕沦为庸俗中年得抑郁症……

于是,我每天走着平衡木,过着独木桥。当夜深人静的时候,我就会反复思考着孩子的教育究竟能不能为她带来快乐的问题;思考孩子有朝一日如我所愿跨入美国知名学府但我们这个家庭却不得不承受着与她分离并缺席她青春的悖论;思考着我们为社会、家庭、工作尽心尽责却力不从心的无奈现实……

或许,我这样的人的一生就是这样,每天都在用着"中产阶层"所应该秉持般的努力,使自己的生活能维持在"中产阶层"上,这真是一个有趣的现象,但是——

我似乎别无选择。

(图片来源:CFP)

本文发表于 2015 年 11 月 11 日

城市中产：为何焦虑？如何消费？ | 吴小明

怎样的人才算"中产"

《"年入70万不够用"算哪门子危机》(以下简称"70万文")这篇文章的标题,深深触动了一批像我这样的"半吊子"——半辈子都在学校里读书,毕业后有一份过得去的工作,每天穿得人五人六地出入5A级写字楼,因为一副意气风发的样子和三十几岁的年龄,被人说成是"社会的中坚分子"。

虽然自己都觉得,凭肚皮里的那点货外加为社会做出的贡献,"中坚分子"、"中产阶层"都属于溢美之词。可是倘若有人不把我们列入"中产",而归入什么"中低收入人群"或"工薪阶层",估计心里又会有微微的小伤感。

其实"中产"的说法,前几年"开心网"红火的时候,就有个疯狂转发的帖子,里面说"中产"就是指剔除高收入人群和低收入人群的中间阶层。按照这个帖子的划分,家庭年收入10万以下的属于普通收入人群,10万—30万属于中产的下层,30万—100万属于中产的中层、100万—200万属于中产的上层。可以看出,收入的跨度还是相当大的。

日本专栏作家新井一二三曾经在《我这一代东京人》里描述,日本经济繁荣时期,日本人对自我阶层的认同出现"一亿总中流"的现象,家家户户都觉得自己属于中等阶层,因为有钱人家吃得起鱼翅,可普通老百姓也吃得起烤鸭,这种人人都有满足感的微妙差别,让人信心十足。

从这种心态来看"70万文",就不难理解为什么会引发这样多的关注了——当人人都觉得自己是中产的时候,就会关心其他中产的一举一动,何况她谈的还是金钱和生活方式呢?

"中产"的集体焦虑

我的朋友圈,有不少朋友都对"70万文"感同身受,与作者一样对未来生发出一种无限的怅然。而更多的朋友,在仔细阅读全文后总结出6个字:自作孽,不可活。

最犀利的一则评论这样写道:总的来说,作者家庭收入虽然只有70万,却打肿脸充胖子，非得过跟收入上百万的人差不多的日子，而又觉得如果精打细算就太过亏待自己，和自己的身份不符，典型的突然有了点钱就开始"得瑟"。

我无意去评价别人的生活方式：喝红酒喝咖啡、每日咖啡馆早餐、养花种草、每月进口水果、做脸美容，都无可厚非。但有一点，我却十分明确：中产阶层，在拥有安逸生活的表象底下，从来就危机四伏。

所有的中产阶层，首先都是打工者，当你不拥有生产资料的时候，你就只能是中产。在我们的财富没有达到可以仅仅依靠"钱生钱"来维持自己的体面生活之前，不论是年入十几万，还是年入几百万的中产，无论日子怎么个过法，归根到底，对于未来的恐慌，人人都有。

倘若从微观来解剖"70万文"作者的生活，我只能以我普通人的视角来提点小小的建议。

首先，按照我国的税制和四六金的算法，税前70万还是别提了，直接50万还来的直观和实在些。

其次，家庭年收入50万元，在如今的上海，还真不算什么高收入。IT行业的"码农"、制造业的灰领、外企双职工家庭，很多都能达到这一数字，否则满街的宝马三系车和奔驰C系车都是打哪儿来的呢？

作者全家平均每月 4 万余元,除去还房贷、养车,再支付包括教育费用、日常开销之类的必要支出,应该就花掉了一半。剩下的一半,要用作旅行、个人兴趣爱好、突发事件的花费,确实所剩无几,每年能攒下十多万,很正常。但要考虑孩子未来的高昂教育费和退休以后的优渥生活,我只能说,作者活得还太没有"危机感"。

若干年前我刚刚开始工作的时候,在一些报纸的理财版上就读到了关于"复利"的概念。所谓从 30 岁起每月存 1000 元,利滚利,退休时可得 72 万,是原始资本的整整一倍,足见理财之重要。

我也曾在一个讲座上,听一位投资银行家的理财观,他反复强调的竟然是"节流"二字。10 年前,这位银行家的收入已经达到百万,但他依旧认为开源很难,节流却可以掌控,只有不断状大自己的财产基数,减少无谓的消费,才能让自己早日实现财务的自由。

当年,我对此无法理解,如今想来却觉得是肺腑之言。

中产该如何消费

"70 万文"作者追求的生活方式,看起来很美,却让人感觉是一种粗放型的消费观。

我有位朋友,有机会接触一些白手起家的成功企业家,他发现这些人在消费上有个共同点——就是从不提前消费。

比如其中一位亿万企业家,虽然他经常出现在报章杂志上,但若仔细观察,会发现他的西装只有两三套,衬衫也就几件,领带更是乏善可陈的两三条。可能是高级定制,也可能只是意大利某名牌。但这位企业家,不会因为去意大利出差,就因为打折一口气买好几套屯着,对他来说,只有在最需要的时候,才会购置一套新的。

前些日子,习大大在西雅图接见的美国互联网企业家,有时尚评论员发现"脸书"创始人扎尔伯格穿的西装,都是以前在多个场合穿过的,连领带都是同一条,不愧为"节约小能手"。如此盘整下来,这些"土豪"级人物每年的置装费,可能只有 10 万—20 万元,远远低于有些中产家庭。

常常有人说，有钱人小气，穷人穷大方。这话虽然不好听，却说明一个道理，有钱的人，一部分正是因为"小气"，才成为了有钱人；穷人正因为大方，才成了穷人。

实际上，在上海这座城市的血液里，从来都流淌着一种又精致又未雨绸缪的集体消费观。

我想起一个从王安忆的小说里读到过的一个细节：弄堂里有位资本家，每日订了几瓶鲜奶，他家的保姆每天要把老式奶瓶的上的绳子、瓶子外包的牛皮纸和奶瓶里的那块封住牛奶的硬纸板分门别类的整理好，积累到一定的数量，卖给废品回收站。

这家人的思维是，牛奶是要喝的，保姆也是要请的，这些都是生活的品质，但废品也是不能浪费的，因为"蚊子肉也是肉"。没有小处的积累，就不可能有大处的品质。这座城市的精神，从来就是无论何种状态下，都能过得从容而优雅。

我们的祖辈，许多不是来自苏南小镇，就是来自苏北平原，不是来自浙北小城，就是来自浙南山区，无论是萧山萝卜干，还是绍兴梅干菜，无论是宁波咸带鱼臭冬瓜，还是扬州酱菜，无不是未雨绸缪而产生的所谓"恩物"。近年来，我发现这种细致的生活哲学，确实被一股浮躁的消费文化所替代，争先恐后的消费和攀比，比之于原先城市中的那股悠然之气，少了一分气定神闲，多了几分"急吼吼"。

当然，我也认为，城市精神也在慢慢改变，一味节流并不利于经济发展。那么，既然选择了"活在当下"的生活方式，就不要对未来充满纠结，不如选择相信未来的自己。

人活着的最佳状态，便是今日好过昨日，明天好过今天。而你所经历和体验的这一切，无论好与不好，都将一一奉还给未来的你。

（图片来源：CFP）

本文发表于 2015 年 11 月 16 日

年入70万，美国中产很难过 | 可　言

最近《上海观察》上一篇《"70万不够用"算哪门子危机》颇为火爆,读完之后,感慨很多。我无意评价作者的生活态度,毕竟钱是人家辛辛苦苦自己挣来的,完全有权利决定如何消费,自己觉得开心就好。

只是作为在美国混迹了几年的中产阶级家庭妇女,我想羡慕地表示:祖国人民的生活真是太舒适了!

美国中产如何定义

在美国,中产阶级从来没有一个标准定义,专家学者也好,政府机构也好,给出的都是大概范围,而针对这些定义的争论也一直存在。

最近 CNN 总结了其中的几种定义方法,算是比较全面——

收入水平:收入最低的 20% 属于低收入人群,收入最高的 20% 属于富有人群,剩下的属于中产阶级。在美国 Pew 研究中心发布的数据中,把四口之家家庭年收入在 46960 美元到 14.09 万美元的人群称为中产阶级。

财产总额:有些人的年收入可能没有达到所谓的中产水平,但是他们拥有许多积蓄和投资资产,特别是一些孩子已经成人的老年人家庭。美国纽约大学的研究人员就将资产总额占据中间五分之三的家庭称为中产阶层。落实到具体数据上,是指家庭资产从"负债额为零的家庭"到"资产总值为 40 万零 1000 美元的家庭"。

消费额:另外一个定义中产的办法是看消费额,包括食品、交通、娱乐、住房和其他项目,但不包括医疗和教育开销(被认为是投资型消费)。专家把消费水平居中五分之一的人群称为中产阶级。具体到数字,专家认为,四口之家年消费额在 38200 美元到 49900 美元的可以称为中产阶级。

生活水平:奥巴马任美国总统后,政府对中产阶级作出了如下定义:中产阶级拥有住房,一辆车子,健康和退休保险,能够支付孩子们的大学教育费用,以及几次家庭旅行。

无论引用以上哪种定义,我们都不难发现,美国中产的门槛其实并不高,其中下层中产的日子甚至"有点儿惨",一次失业或者大病就能让不少中产瞬间变穷人。

70万作者如果在美国

那么在美国，和《"70万元不够用"算哪门子危机》一文（以下简称"70万文"）的作者拥有类似教育和工作背景的人们，能不能进入中产阶层呢？

答案是肯定的。

"70万文"（此处70万为人民币）作者接受过良好的大学教育，工作也是白领阶层，她老公的情况也差不多。在美国，接受过良好的美国本土教育，工作十年左右的普通白领，收入估计在6万到10万美元上下（前提是他的职业不属于医生、律师、金融、工程师等高收入行业）。当然，如果是在纽约、旧金山这样的发达地区，收入可能会略高，但是开销也会更高，中部收入会略少。

双职工，家庭总收入就是12万到20万美元，绝对满足美国中产阶级乃至上中产的条件。

家庭总收入12万到20万美元，为了方便计算，取个中位数，16万美元。交完个税，付完医保和养老金，税后到手差不多11万美元。

假如"70万文"作者在美国，让我根据她的格式，来帮她算算消费账，如下：

（制图：邵竞）

算到这里,我几乎已经算不下去了,因为还没算作者的"人情往来"、"旅游"和"意外事件",目前开销就已经差不多达到了 9 万美金,所剩无几。而"70 万文"的作者每年还有 6 万—7 万的旅游支出,以及 10 万—20 万的人民币存款,也就是相当于 4 万—5 万美金的存款呢。

也就是说,一个税前收入 16 万美元的美国中产家庭,他们还不是中产阶级底层,而属于"上中产"家庭,他们不能旅游,不能有人情往来,不能发生意外,只能生一个孩子,也才刚刚能达到"70 万文"作者百分之七八十的日常生活水准,并略有积蓄。

中产没法过有钱人的日子

所以说,祖国的中产在过有钱人的日子。

比如上私立学校这件事儿。老美标准的家庭配置是两个孩子。要是硬让两个孩子都上私立,许多美国中产大概要破产。我的朋友圈里流行一个笑话,说某中产阶级的父母,砸锅卖铁把唯一的孩子送进了顶级私立,然后有一次爸爸陪着儿子去参加同学生日聚会,发现同学家长居然是他们公司的 CEO!而且因为爸爸级别太低,他本人平时在公司就从来没有机会见到 CEO 真身!

我的一个中产朋友也刚把唯一的孩子送进了私立,他带孩子参加同学生日会的时候,看到同学家后院的面积比较大,于是他闲来无事上网查询了一下,发现孩子同学家的占地面积足足是他家的 63 倍!

还有房子。"70 万文"作者有一套还清了贷款的房子。你知道吗?有房无贷,是让许多美国人民羡慕的事情,我本人就居住在典型的中产阶级社区,本区居民目前以白人为主,年龄结构又以三四十岁的中青年为主。

美国老年人一般不帮孩子买房,很多孩子大学毕业还要依靠自己的力量还清大学的贷款,加上老美不爱攒钱的性格,许多人到了三四十岁才开始置业。

我的左邻右舍基本都是刚刚买房几年,大多背着房贷,有几家房子还是租的。不说别人,每每想到自己背了三十年房贷,每月还款额高达 3000 多美金,还要再交 1000 美元房产税,我就觉得生活好累。

还有旅行。"70 万文"的作者每年花费将近一万美元旅行,在我看来不算奢侈,但也是比较有钱的美国人才能做得到。

美国人喜欢旅行,有时候为了旅行甚至到了"败家"的地步。我的很多中产邻居会花几万美元买辆拖挂式房车,再花几万块买辆皮卡用来拖房车,然后节假日就全家一起出去玩。再奢侈一些的,会花几万块买艘小游艇出海。

不过美国的油费便宜,高速公路大多数不收费,国家公园门票一辆车里所有人只要 30 美金,海滩森林基本免费看,所以像房车这样的大笔支出如果是十年一次,平均下来每年也没有多少钱。

我没有房车,不过也喜欢开车出去玩,曾经开车带孩子们外出游玩了一星期,跑了十几个"著名景点",回家一算,包括住宿在内,支出只有一千美金出头一点!

当然,喜欢豪华游的美国中产也不少,比如我的一个朋友,每月收入吃光用光,平时就开车去附近走走,等每年退税到手,一家人就坐上飞机来一次长途旅行,比如到夏威夷晒晒太阳。朋友每年退税额在 7000 美元左右,每年长途旅行的费用差不多也是这个数。

所以我说祖国的中产朋友蛮有福气,我在祖国的好些中产朋友三天两头日韩游泰国游,一年里至少还有两三次,不是在欧洲看风景,去美洲晒太阳,就是去非洲追大象。

而有许多次,当我在假期开车出门旅行时,我的左右邻居,不是蹲在房上自己修屋顶,就是端着割草机自己剪草坪。因为美国人工贵嘛,想要攒钱出去玩,就必须把家务自己干起来。

最后,讲一个美国有钱人的故事。我的一个朋友去参加某白人同事的婚礼,该同事就是普通公司的普通职员,一天到晚的标准着装配置就是 T 恤牛仔,谈恋爱没事吃个垃圾食品麦当劳之类。婚礼也不在酒店举行,就办在他自己父母家后院,同事的婚房也是租的,婚纱也是租的,婚礼办成普通自助酒会的样子,没有鱼翅鲍鱼龙虾之类,用的红酒都是几十块一瓶的,既没有一瓶 XO,当然也没有茅台五粮液。

参加婚礼的时候,朋友发现作为婚礼场地的房子挺漂亮,就随口问新郎,他爸妈的房子多少钱买的,新郎不经意地回答说:"1500 万美元。"

(图片来源:CFP)

本文发表于 2015 年 11 月 22 日

上海好在哪？"知乎"的 780 个回答 | 德 彪

"上海到底哪里好？"有人在开放式问答平台"知乎"上提出了这样一个看似简单的问题。令人意想不到的是，截至昨天，这个简单问题引来了780条回答，而且许多网友的回答并不简单。

有人提到了"规范"——

"在上海坐地铁，他们居然排队上下！先出后进！"

"（等公交车）你愿意坐座位，那你就排队……没有人去组织，没有去抢，没有人去抱怨，大家就这么遵守着规则。作为一个坐公车从不排队，大家从来都是一窝蜂的城市来的人，我被深深地震撼了。"

"我大学毕业到上海工作，才发现原来不利用社会关系也能做事，原来不是每个人都想看你犯错闹笑话，原来只要努力就能获得你想要的。上海为你提供了在一定范围内的公平，让你更加热爱生活。"

"'契约精神'体现在日常生活中，就是办啥事按照规定走就好了，不需要托关系才能办成，而现在的很多二三线城市，很多事情不托关系根本无法办成，这也是经常听说从北上广回到家乡后办事难的原因之一，亲身的体会就是，我在上海办无犯罪证明，跑派出所一趟就好，岳父在小县城办，先跑了3次，没有办成，最后托关系才办成。"

"这是一个尊重游戏规则的城市。"

有人提到了"便利"——

"出门打车也好、地铁也好、公车也好——便捷度以及服务是我见过的最好的城市,没有之一!上海的服务业水准相当高,不能说所有人但绝大多数的人都按市场规律办事,礼貌、客气、推诿的频率比较低。"

"银行卡掉了,网上补办一张,快递到公司。去柜台办理,5 天后就可以拿到新卡。而在我老家,要 20 天,还得本人亲自去。至今还有一张卡在老家学校补办了没去领。"

"上海所有的门面都有门牌号,如果你从黄页上看到一个地址,循着门牌号,你一定可以找到它。"

"上海所有的居民聚集区,周边一定会有 24 小时营业的便利店。"

"以家为圆心一公里内所有的一切都搞定,银行、菜市场、商场应有尽有,尤其是大量 24 小时的便利店,对我这种加班狗来说简直是深夜福音!"

有人提到了"距离"——

"上海人不爱你占他便宜，但是他也不占你便宜。"

"相对来说，大概因为上海的外地人更多，人与人交流的氛围处于'让人感到舒适'的位置。如果你愿意，你可以一直与人保持这个位置，整体氛围不会迫使你'向前一步'或'向后一步'……这种恰恰好的距离让我个人觉得很舒服。北京是有朋友可以活得非常滋润的城市，而上海是即使没有朋友也可以甘之如饴的地方。"

有人提到了"安全"——

"治安很好，大多数地段晚归的单身女性不用担心安全问题。"

"上海的治安应该是全国最好的。上海肯定也有小偷，到目前还没遇见过，警惕性也只有在人特别多的时候本能的注意一下，只是在地铁电视上时不时会看见一个警官主持的节目播报抓小偷的情况。"

"在上海，我可以放心地进入任何一家饭店、酒店、超市，甚至小店铺，娱乐服务场所，而不用担心会被宰被强迫消费，至少我没被宰过，可能我进的地方还不够多，不够偏，不够冷门吧。"

"去年 9 号线地铁,松江新城站,拉着行李箱要下 B1 层,不小心按到警报按钮。电梯里立刻有回应:'您好!请问需要什么帮助吗?'。原来这个报警按钮不是摆设啊!"

还有人提到了美食:"好吃的东西特别多,西化的食物种类各式各样,选择方便。下到三元一只的鲜肉月饼,上到人均四位数的米其林厨师开的餐厅,都可以品尝到。"

还有人提到了资源:"医疗!医疗!医疗!重要的事情说三遍,上海的医疗,光三甲医院的数目,有几个城市能比!教育,不用多讲,能考到这座城市的 985 学校,我至今都在庆幸。"

还有人提到了"环境":"硬件环境譬如公园、博物馆、商场、电影院、艺术馆、科技馆、地铁、出租车(论方便,快捷,服务和价格,上海 Taxi 绝对排得进全球前三),称赞的答复已经很多。每到周末,带着儿子穿过世纪公园,到科技馆逛逛后乘地铁回家,经常是我们的保留节目。软件环境,譬如卫生,治安,就业,文娱运动,群体素质,也是各个答复中称赞很多的部分……"

上海好的地方实在太多,外国人@Andrean Victor 的观点简单明了——

"商场周六日都是开门的;

快递非常方便；

交通非常方便；

和我去过的其他的中国城市相比，上海更干净整洁。"

而@Yuqi Chou用一句话就概括了一切："江浙沪包邮。"

最后，也许@刘佳旎的回答，可以让你领略这座城市别样的风情——

有一次在地铁口遇见一个卖栀子花的老太太，满头银发，一口苏白。

我向外婆买花，就和她闲聊。

"阿婆，侬年纪那么大了干什么还出来卖花啦，辛苦伐？"

"哎哟，你不懂，今生卖花，来世漂亮。"

（图片来源：CFP）

本文发表于 2015 年 10 月 13 日

卖花老太：上海衣襟上的白兰花 | 李 默 李 齐 屈伯禹

【编者按】近日，《上海观察》的报道《上海好在哪？"知乎"的 780 个回答》引发网友强烈共鸣。文末卖花老太太的一句"今生卖花，来世漂亮"更是让人大呼感动。今日《上海观察》带你走近几位卖花的老太太，听听她们和这座城市的故事。

说起上海，怎么能忘了那一束清新淡雅的白兰花。

白兰花，香气清淡优雅，有点甜头却一点也不腻，没有奢华香水的前调、中调和后调，当然也就没有那么浓郁的脂粉麝香气，它有自己一贯的独特调调，深得上海人心。

在老上海独有的记忆中，卖白兰花的姑娘始终都留存着那一缕醇香淡雅，出落在电影院门口，大广场前，头带红绳，手挽篮筐，操着吴侬软语叫卖着"栀子花，白兰花"，甚是好听。

时空转换，岁月静好，那清香的味道和简单精致的挂饰，一代一代传承至今。那一袭白发，浅笑吟吟，在街边用吴侬软语叫卖着白兰花的老太太，也和上海这座城市一样，深深地印在了你的心中……

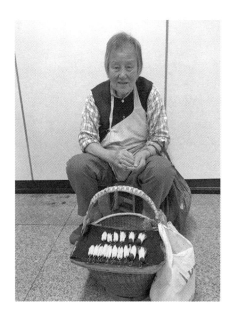

【一】

七点多的来福士地铁出口，正是人来人往的时候。刚一出站，便看见一个卖花的老太太。她坐在一个很小的木制板凳上，前面放着一个竹篮子。

老太太穿衣十分朴素，只是手指上沾了些泥土，想必是摆弄花枝沾上的吧。她前面的竹篮子上整齐地排放着一束束白兰花，有大有小。

老太太是上海人，今年80有余，前半生可谓是经历坎坷做过很多工作，最后落脚在了印刷厂。

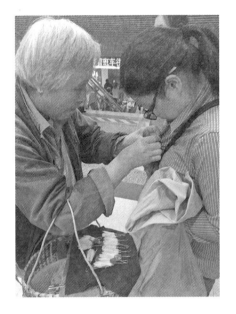

从印刷厂退休后,老太太便开始了卖白兰花的营生。一来是补贴家用,二来是喜欢这些花花草草。她指着自己的眼睛告诉我,她之所以能够80多了还眼清目明能利索的扎花缠线,就是这些玉兰花对眼睛好。

说话间,来了两个上海小姑娘,从阿婆这里买了两朵白玉兰分别挂在自己衣领上。为什么要买这花? 两人相视一笑:"从小家里长辈都给小孩子买白兰花戴,妈妈奶奶也会戴,好看好闻。"

离开时,笔者向老太太买了一朵白兰花,她执意要为笔者亲自别挂在衣服上,说是作为长辈给我的祝福。

回家的路上,想起周杰伦在《上海一九四三》唱到的那位"说一口吴侬软语缓缓走过外滩的姑娘",是否也有在旗袍衣襟上别着一朵淡淡的白兰花,正好跟我胸前的一样。

【二】

在人民广场地铁站 15 号口,远远地就能看见一筐绿油油的茉莉花。卖花老太已年过七旬,十多年的卖花生涯活脱脱让她成了个爱花懂花之人。每年 5 月到 10 月为玉兰花期,也是她卖玉兰的好时节,茉莉和玉兰搭配着卖,两种香味浓淡相宜。其他时节,她还卖过栀子花、玫瑰、康乃馨、百合。不仅如此,老太太对每一类花的品种、样式、存储方法等等,均能一一细数,头脑灵光得很。

老太太的孩子们看着心疼，曾经多次劝过老太太在家颐养天年，但她还是不愿意放弃这份自己钟爱多年的"职业"。"我家很早就拆迁到了这附近。现在孩子们都出去啦，一个人待在家太孤独。我出来卖花，就是图个开心，年轻的小姑娘戴着我的花走，我心里美呀，我再叫你一声美女，你也开心哦？"

老太太还说，其实自己不算"卖花姑娘"中年纪大的。说到卖花的姐妹，能从四五十岁的"晚辈"讲到已经耄耋之年的好姐妹。"南京西路凯司令附近的老太卖花的时间最早呀，今年已经93岁了，我认识她十多年了，每天上午、下午都会在那里卖花的。"

讲到一半，被旁边的另一位老太轻声细语地打断了，操着带有苏南口音的沪语跟我解释："那个老太不是93岁的，才90岁的。"

"以前卖的人很多，是因为花多。现在玉兰花树少了，卖的人自然也少了许多。解放后这编花手艺就传了下来，只要有玉兰花，以后这手艺还会传下去。"老太如是说。

说着说着，老太太将笔者胸前花瓣略微散开的玉兰花摘过去捧在腿上，而后用双手和嘴灵活地把线捻好，三绕五绕地缠在了那细小的花骨朵上："白兰花不能散，这样才好看。"

【三】

如果不加细问，谁能想到，人民广场边上卖花的这位奶奶已经80岁有余了呢？

奶奶姓方，退休后并没有开启"退休模式"。珍珠项链，翡翠镯子，行头讲究，干净利落，娴静可亲，有着上海老太太特有的不张扬的讲究和优雅。

说起自己卖手工玉兰小物件的20

多年,方奶奶有浓浓的满足感,"退休后就来了,不想在家闲着。"而选择出来卖这些巧妙手工制成品的缘由也很温情,因为她年轻的时候也是这些芬芳之物的爱好者和佩带者,"那时本地的小姐和太太们都愿意戴,我也喜欢,那时候 1 毛钱一串,得有几十年了"。

谈到她亲手制作的手工花,阿婆话匣子打开了,如何佩戴,怎样才能保鲜时间更长,各种花的花期……印象最深刻莫过于"好运花",用玉兰搭配心想事成花,她告诉我,它会给人带来好运气。

问她还打算制作手工鲜花多久,她莞尔一笑,对我说"我们只要出来卖花,喜欢的年轻人就能买到,老人卖花,年轻人买花,不想停下来,这是上海这么多年来都没断过的。"

跟方奶奶一起的还有几位年龄相仿的老人,都有一样利落的衣着,岁月沉静的优雅,轻松淡然的笑。

她们的一天从凌晨 5 点钟开始,晚上同周边店铺 10 点钟关门一同结束。老人家们出来卖玉兰花不全为赚钱,也许她们表达不出,但她们手握着承载上海滩多年记忆的小小接力棒。她们穿过旗袍,下过工作坊,买过花,卖过花,见证了地铁和明珠塔的落建,走过无数次外滩,经历了故事,如今成了故事中的人,陪伴她们的始终有这朵玉兰。

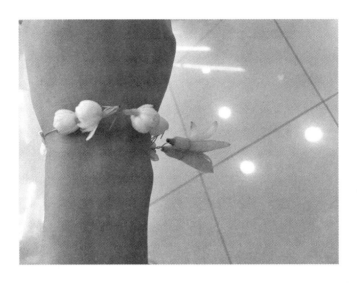

　　临走前,买了一串茉莉手串,结束跟方奶奶的对话,搭上了晚上 10 点的公交回家,不经意间捋了下发梢,一缕清新的茉莉香让我愉悦。

　　这,也许就是上海的味道吧。

(图片来源:CFP)

本文发表于 2015 年 10 月 16 日

的哥心声:上海"名片"为何蒙尘 | 长　路

曾经的城市"名片"

我是一名在大型出租车公司开了 12 年车的老驾驶员。这几天孩子给我看一篇文章,题目是《英国网站评出全球十大最糟出租车司机:上海入榜》。仔细看看文章,吉隆坡、罗马和曼谷的出租车司机占了前三,上海排在第九,被评上服务最糟的主要理由包括语言不通、找不到路、不安全、付出高昂车资或被骗等。

作为一名出租车司机,看到这样的消息,怎么说心里都是不舒服的。但是,我们也有很多无奈,有些东西也不在我们的控制范围之内。

大家也都知道,早些年,上海的出租车服务是全国的一块牌子,乘客走进车子,座垫是雪雪白的,车子里是清清爽爽的,司机客客气气,偶尔跟乘客聊聊天。

那时候房价还不太高,出租车司机一个月能有 3000 元的收入,已经能过得比较体面,我们对这份职业充满了自豪感。遇到外地乘客,真觉得自己就是上海的"名片",愿意把最好的一面展示给他们。

我进公司的时候,出租车司机也不是什么人都能做,公司只招上海户籍的人,还要"政审"过关才行。进了单位,有很严格的服务质量方面的岗前培训,从乘客上车说"您好!请问您要去哪里?"到下车时提醒乘客注意拿好随后物品、帮乘客拿后备箱的行李等等,有一整套规定。

驾驶员的流失和轮换

如果一定要说从什么时候开始有变化,其实很难有个明确的分界线。我当时所在的公司,差不多是两年前开始试行"买断经营权"的做法,让公司流失了一大批驾驶员,这算是一个比较大的影响。

在这之前,我们是帮公司开车,公司承担四金、保险、清洁费等费用,我们每天向公司交"份子钱"。

"买断经营权"就不一样,基本上是我们变成"自由人"买下公司的车,然后挂靠在公司交"管理费",虽然"管理费"比"份子钱"少了一些,但是算上自己要承担的保险、四金等费用,每天的成本和之前的"份子钱"其实差不多。这样一来,我们在保障上没有公司托底,支出一分钱不少,根本不合算,所以很多人选择了离开。

当时公司离开的人,差不多占到原来驾驶员队伍的 1/3,有 2000—3000 人吧。一些人选择去社会上找工作,另一些人转去了别的出租车公司。

原来公司的驾驶员出现了很大的缺口,就开始招收安徽、江苏等地方的驾驶员。这些驾驶员中一部分人以前是开"黑车"的,对上海的路也熟,但是绕路的情况就开始多了。毕竟后来的驾驶员生存条件没以前那么好,这也是事实。

有了这样的开头,其他驾驶员很难不去效仿,只要不被投诉,就是"赚到了",乘客的感受当然会越来越差。就拿帮乘客拿后备箱的行李这个细节来说,现在很多司机明明知道这个规定,但根本不愿意去做了。

从驾驶员的感受来说,会觉得公司并没有给他们争取很好的利益,大家也就不愿意好好做,双方之间形成一种恶性循环,这个是最糟糕的。

客源被分流,生意难做了

当然,现在给我们冲击最大的,还是打车软件。打车软件当然也有它的好处,比如说减少我们的空驶率,也会有一些奖励。

以前我们一天开 20 个小时,营业额能做到 1100—1200 元左右一天,打车软件出来后,空跑的时间少了,我们每天在路上的时间和油耗要少掉 10%—20%。

但现在不对了,一些私家车主加入专车、拼车司机的队伍。我们每天要交"份子钱",他们只要出油费就够了,竞争不在一条起跑线上。现在,我们出租车的营业额明显受到影响,每天要少做 150—200 元钱,这样基本上就赚不到什么钱了,生存得很艰难。

拿我自己来说,可以说是拼命在做。我是天天开车,每天开 12—13 个小时,有时去机场排队等人的时候抽空休息一下,回到家就累瘫掉。不瞒你说,回到家我连袜子都是老婆帮我穿的。一般的司机都是做一休一,像我这样天天开的很少。

我今年 47 岁了,一人工作养家里 3 口人,还有老父亲要照顾,十多年来就是这样苦过来的。现在的小年轻不可能吃得起这个苦,所以将来出租车司机的缺口只会越来越大,专车分流客源也会更厉害,这个行业会怎样,还真的很难说。

现在在上海有 5 万辆出租车,高峰时候确实不太够,那些高端一些的奔驰、宝马车补充进来也有它的合理性。但也希望我们这个群体的权益能受到更多关注,说实话,我们也不希望上海的出租车服务这块牌子被做坍掉。

（图片来源:CFP）

本文发表于 2015 年 7 月 11 日

上海，其实不想走其实我想留 张梦麒

看到阳歌先生《我为什么不逃离上海》，我不禁问自己，我为什么离开上海？当然，过去这几个月，我也曾反复问过自己。

房价不是问题。早在上海内环房价只有 5000 块的时候，我就砸锅卖铁买进了一套房。后来小房子换中房子，中房子换大房子。到 30 岁上海房价动辄三四万的时候，我已经在内环内有了两套属于自己的三室两厅，一套住，一套租。

物价也不是问题。老公在一家美资公司上班，拿着不比美国人低的工资。大上海富人多，他的收入虽然不算特别高，但起码在多数上海人看来，也是有些可观的。

最重要的是，我在上海过得非常舒服。我有一份闲散的工作，足以养活自己。

每天联络联络客户，剩下的时间可以用来接儿子、逛商场。我不用做家务，钟点工阿姨请了好几年，虽然价格连年地往上涨，也算是在承受范围内。我每周起码泡三次电影院，每天会花半小时时间琢磨一下去哪里吃饭。我心情不好一个电话，闺蜜们就纷纷出来，吃咖啡逛街做头发，外加抱怨抱怨各自的老公。

生活太惬意了，以至于几年前老公问我有个移民的机会去不去的时候，我不屑一顾："侬脑子搭牢了哇？"

可是在女儿出生后，我的想法完全改变了。

从出生开始，女儿就不停地咳嗽流眼泪，后来慢慢开始大口喘气。有一次我去幼儿园接她，老师一脸严肃地对我说："快点带去医院看看吧，喘成这样，你们不能光顾赚钱不要命呀。"

值得庆幸的是，上海有全国最好的医疗系统。我上网搜索出四位儿童哮喘方面的专家，从中选取了口碑最好的一位，提前一周预约，挂号费人民币 180 大洋。再经历漫长的排队后，终于见到了白发苍苍的老专家。

"过敏性哮喘"，专家诊断。但我家没有哮喘遗传史，专家解释道："环境不好，空气啊，水啊，最早有反应的都是孩子。"遵医嘱，必须连续服用两年以上抗过敏药，含激素。

于是，每天早晚两次，我要给女儿的鼻子套上雾化器，她两岁不到就会从 1 数到 15，因为每次雾化时间刚好是 15 秒。从此，我开始过得提心吊胆。每天早晨起来的第一件事情,就是上网查 PM2.5。女儿就像人体空气监测器,PM2.5 一超过100,她就开始流鼻涕流眼泪,一不小心就要喘,喘了就必须加药。

她的自由也受到了限制,本来是需要大量室外活动的年纪,我们却必须隔三差五,小心翼翼地把她关在开着空气净化器的房间里。

印象深刻是有一年春节前,空气很差,女儿又喘,我觉得憋闷,决定带她去海南走走。临行开药,医生说:"你女儿现在的状况必须呆在上海观察。"我回了句:"也许换个空气就好了呢? 实在不行马上飞回来。"

果然,一到海南,空气好了,小妞的身体马上就好了。

从海南回来,老公告诉我,他已经自作主张,找好了一家美国公司,几个月以后,去美国工作。原公司的老板挽留他,说:"除了绿卡,美国那边给你多少福利,我们会给更多。"但此时,我们考虑的已不是金钱。

现在,我们全家都在美国的加州。老公拿着当初和国内一样多的工资(但是要缴很多税)。再加上我全职,我们的收入其实根本比不上在上海的时候。

开销更是花钱如流水。私立学校一年最便宜也要 3 万多美金,两个孩子要 6 万。如此高昂,我们只能上免费的公立。为了住上好学区,我们租着每月 3000 美金的两室两厅,只有一个卫生间。

有人会说你把国内的房子卖掉不就能在美国买房了? 哪那么容易,美国政府盯着所得税这块,每年汇进你账户里的钱是有限额的,莫名多了,政府不仅要查,还要收税。

请保姆更是奢望。保姆费一个月要 3000 美金,我只好自己撸起袖子。当我的小姐妹在微信上晒着刚刚做好的指甲的时候,我的指甲,常因为泡在水里而劈开。

最为国内人民所艳羡的车子,的确是便宜。可是,随便做个维修保养,1000 美刀就不见了。理个发,男士不带洗头随便剪 5 分钟,15 美刀就不见了,所以这里的新移民们(除了投资移民的高帅富家属),个个自备一套理发工具;还有车胎打气工具,点火工具,样样齐备。

最难过的是,没有亲人的温暖。我生病了,要看医生,必须拖着两个孩子往医院跑。所以,大毛小病尽量自己挺着。以前稍微不舒服了就要赖往床上一躺,现在可不行,两个孩子张嘴等着吃饭呢。

于是来美国两个月之后,我不可避免地思乡了。我怀念上海的时尚,上海的温暖,上海的方便,上海的实惠,怀念上海一个电话就能找到还不用给小费的维修工水管工,上海8块人民币一份鲜得掉眉毛的生煎包。

可是,当我刚刚泛起卷铺盖回上海的念头时,微信朋友圈就发满了上海的雾霾照。想起女儿,我只能暂时打消了回家的念头。

我期待着上海365天天天能蓝天白云,我惦记着带孩子们回去,再吃吃城隍庙的小笼包!

(图片来源:CFP)

本文发表于 2013 年 12 月 19 日

学区房、拼爹：美国择校记 | 可 言

初到美国,孩子上学变成了头等大事。刚从职业妇女变身家庭主妇的我,也早就带娃带得头大,巴不得快点把家里的孙悟空送到学校去好好管一管。

在国内的时候,早听说美国学校上课全是玩儿,我就天真地想:那也不用选了,随便把他们塞到家附近的哪个学校去吧。反正,在哪儿玩不是玩呢?

没想到刚落地,就被早来一年的朋友教育了一通:"美国上幼儿园确实比较轻松,小朋友就是在不停地玩,可是上了小学就开始慢慢加码了。等上了高中,做功课做到半夜的情况也经常发生。你们如果不选个好学区,以后要想考个好大学,很麻烦。"

更重要的是,在美国,好学区还意味着孩子成长环境的安全。我们仔细想了想,以后儿女大了,确实不能让他们画着刺青、吸着大麻在外面瞎晃悠。

因此,择校的工作马不停蹄地展开了。

说白了,择校的第一步是要选择一家人居住的地方。你住在哪里,决定了你能进入哪所学校。老美也有学区房!而且,学区房的房价往往要比同条件的非学区房贵上一大截,有时候,甚至能翻上一两个跟头。

据报纸上说,美国硅谷是全美房价最贵的地方,美国中部二三十万美金就能搞定的大房子,到了湾区可能就要七八十万美金。若是遇到学区房,一两百万也是很正常的事。

而且买得起还要养得起,加州还有一个百分点的地产税。买100万的房子,一年还要花1万美元来养活它。我的一个朋友,最近刚买了房子,他买不起太好的学区,只能退而求其次,买套偏远点的,然后用省下来的钱,供独生子读私立学校。

私立学校不讲究学区,交钱就能上,但是最便宜的私立一年也要三万多美金。我的另一个朋友,本来不想住学区的,嫌学区房质量不好价格又高,于是下定决心去考察了几所私立学校。

考察之后,一声叹息,他说:"我有两个娃,如果真读私立,等他们上完高中,我的一套房子也烧光了。"另一个不能去的原因是,"付得起学费拼不起爹"。私立学校搞捐款搞活动,虽然从理论上讲是捐不捐随意,但穷人的孩子一定承受不了巨大的心理压力。

选来选去,对我家而言,只有公立学校还算比较靠谱,公立学校免费啊!

万幸的是,想读好的公立学校,并不是只有购买学区房一条路,你还可以租——

从5岁开始,美国"居民"的孩子可以享受免费教育。如果说上学可能会产生什么费用,那就是每学期或者每年一次,学校会组织募捐,公立学校的这种捐款,普通家长意思意思捐个三四百美元也就够了。

免费教育不需要你是美国公民,不需要你有当地户口(本来美国人就没户口),也不需要看你的房产证,只要你提供居住地一个月的水电煤账单,证明自己是居民即可。

到哪里去当居民呢? 我们在网上查了又查。某知名房地产网站对旧金山湾区所有地区的学校都进行了打分,从0到10。我们在一大堆离家较近的学区里搜索了半天,发现了两处得分最高的。

这两处学区,从小学到高中,几乎所有的学校评分都在8分以上。不过,交通方便的一处房价奇贵,房价合理的一处位置偏远。老公每天上班,需要翻过两座山。

最后,我们决定选择房价贵的学区——即便是开着车,每天翻山越岭的,也是件挺让人崩溃的事情。另外,美国人在高速上动辄开到七八十码的架势,也着实吓人。

定好学区,开始看房子,学区放出来租的房子很少,租金当然也贵。话说我的一个朋友没有孩子,就在学区旁边租了一套豪华装修、上下两层、五室两厅、三个卫生间的独栋大 house,每月只要3000美金。而我们选中的学区里,哪怕是一间两室的小平房,起价也在2500美金左右。

我们连跑了好几天,参观了许多奇葩房,其中包括租金2200美金的地下室,和租金2600美金,仿佛刚被龙卷风席卷过的破烂小"工棚"。

就在快要绝望的时候,我们终于发现了一套全新装修的漂亮小房子,虽然租金快要接近3000美金,只有两个卧室和一个卫生间,但胜在拥有一处宽敞可爱的草坪,而且每年只涨75美金月租。

　　房东说我们非常 lucky,上一家租户刚付了定金就因为工作原因离开了。根据我们新近积累出的看房经验,他说得很对。

　　在新家住了一个月,拿到了第一个月的水电煤账单,我们带着孩子去学区办报到了。一般来说,学区办会为我们安排一处离家较近的对口学校,但如果你喜欢学区内的其他学校,可以提出申请参加抽签。

　　如果抽中,你家的所有其他孩子以后都无需再次抽签,可以直接进入第一个孩子所在学校就读。

　　申请入学的报名表格事无巨细,什么都问。包括孩子是否足月出生,几个月会坐,几个月会爬,是不是尿床,有没有心理问题等等。

　　听说我们是非美国本土出生长大的孩子,学区办要求我们另外做一个肺结核测试,拿到医生证明才可以入学。测试使用的是皮试,在手臂上注射一针,两天后测量手臂上水泡的宽度。让我们没有想到的是,皮试结果居然是"阳性",需要再做 X 光检查确定"结核"是否传染!

　　美国医生拿着皮试结果如临大敌,请教了一位华人医生才知道,原来中国孩子的预防针里有一针卡介苗(牛痘),打了这个,肺结核皮试很大可能会是阳性。

　　还好虚惊一场。而我们本来担心的疫苗接种数量不够,到了美国医生这里,倒全然不是问题,我们的儿科医生翻了翻我从国内带来的接种本,说了句:"打得比我们还全。"然后,就痛痛快快给我们开健康证明了。

　　交齐材料,儿子终于马上可以上学了! 学校通知让 1 月份再去,因为"反正离圣诞节没有几天了,就让孩子好好休息一下吧"。

　　接着,我们又听到了一个惊人的消息,5 岁孩子的幼儿园,只有两个时段可供选择,分别是"上午 8 点半上课,中午 12 点放学",以及"上午 10 点上课,下午 2 点半放学"。

　　"这上不上学,又有什么区别呢?"老公嘟嘟囔囔地抱怨。然后,我们果断决定,让小儿子一届的女儿在家多呆半年,混到免费读书的年龄再去上学吧。

(图片来源:CFP)

本文发表于 2013 年 12 月 27 日

从上海"白骨精"到美国全能主妇 | 张梦麒

刚从上海来到美国,我着实胸闷了一阵子。堂堂一个受过高等教育的知识女性,一下子沦落成地地道道的家庭主妇。

就好像前一分钟还在办公室里打扮得山青水绿,对着合同头头是道,一派指点江山;下一分钟就突然柴米油盐锅碗瓢盆,成天和孩子的屎尿哭闹打交道。这心理落差,真不是一点点。

想上班? 不现实!

和身边的美国主妇们比,我的生存能力实在令人汗颜。

在我眼里,美国妈妈们个个身强体壮、心灵手巧。几十斤重的东西拎起来就走,三个五个娃带出去逛街毫不费力。开车、带娃、烹饪只是基本技能,我认识的许多美国妈妈还会缝衣服、换机油、换轮胎。

儿子同班同学的妈妈,独自带着两个子女,隔三岔五还要跑去学校做义工。我问她哪有那么多时间,她说:"在家呆着太闲了,必须找点事情做。"可是,为什么同样有两个娃,我却觉得自己连睡觉的时间都不够?

和朋友圈里的中国妈妈们相比,我又觉得自己每天都在被"大材小用"。打扫房间有意义么? 调解孩子打架有意义么? 每天思考三餐的营养搭配有意义么? 辛辛苦苦好多年,上了名牌大学,接受高等教育,现在做的事情却连小学文凭都不需要。

再看看那些留在国内的女同学,做了妈妈以后,她们仍然在职场上奋力打拼——那个谁谁,考出了注册会计师证书;那个谁谁谁,考出了一级建筑师资格;那个谁谁当上了律所的合伙人;还有谁谁,以前开的小公司,现在一年利润都好几百万了。

每次看到她们的好消息,我在羡慕之余,也会在心里酸溜溜地想一遍:姐当年也是学霸啊,姐智商也很高啊,姐当年找的工作也不差呀!

我是真心特别想上班。可上班对我来说,真的不现实。

比如,我儿子今年五岁,想当年他在国内上幼儿园,从早上八点可以一直上到下午四点,市级示范园算公立幼儿园里收费最高的一档了,加上饭钱一个月也只要

1000 块人民币。

现在在美国他上 TK，类似小学预备班。公立学校全部免费，可糟心的是 TK 每天只上三个小时，12 点放学以后就再没事情可做了，饭也不管一顿。

我女儿三岁，在国内也可以上公立幼儿园了。可在美国，上公立必须要满五周岁，五岁以下的儿童如果不愿意在家里呆着，可以去读私立。全天候包午饭的那种，一个月起码收费 1600 美金。

权衡了一下，我们把她送进了社区幼儿园，收费便宜一些，可一周只上两个半天。国内的朋友同情地说："这样上和不上又有什么区别呢？"区别还是有的，他们每天上课三个小时，我接送在路上开车往返得花一个小时。

就这样，老公还和我算账！他说："你看，你要是去上班，我要请个阿姨做饭带孩子吧，每月 3000 美金；我要把孩子都送私立吧，每月起码 5000 美金；我们的退税也要打折扣吧……"

是啊，如果他是单身青年，一个月工资的 40％要用来缴税。这样算来，我做家庭主妇的价值，居然每月高达 1 万美金以上。所以，在找到 1 万美金的工作之前，我还是必须继续呆在家里柴米油盐。

贵就一个字！

除了忙和累，来到美国后另外一个最大的感受是：钱不够花。

比如，人人都说美国的房价便宜。反正我在硅谷是完全没有感觉到。20 几万美元一栋的大房子美国是有，问题要看位置在哪儿。你不能拿北京上海广州的房价和美国不发达地区比。

当然如果要比单价，美国发达地区也确实没有中国贵。可问题是，美国没有小房子卖。这么说吧，你要在国内大城市置办个小窝，60 平方，起步价 200 万人民币。

可你在美国，如果拿着这些钱，在发达地区根本买不到房，大 house50 万美金起步算超级便宜的。想买 60 平方的小公寓，人家开发商还不卖给你呢，都是留着出租的。

选择租房？美国发达地区的房租贵得惊人。两室一厅的小公寓，在我们所在的旧金山湾区，可以租到 2500 美金。而且最近租金一直涨，每年涨个一两百都算很正常。

出国以后，我们在上海的房子没有卖，中介一直打电话劝我们租出去，其中一位很激动地告诉我："像你们这样全装全配地段又好的三室两厅，现在月租都可以达到 8000 块了！"我一算，才 1000 美金出头一点点，简直没天理啊没天理。

不光是房租，煤气也贵电也贵。最惊人的一次是去年 12 月，因为天冷开了几天煤气暖气，晚上我还说节点能只在卧室开电油汀呢。没想到，月末账单还是吓一跳：煤气加电费将近 300 美刀！

记得当年上海高温，我妈退休在家天天 24 小时空调，俩娃没事一天洗好几个澡，一个月下来所有费用加起来也不过 600 人民币。另外因为需要浇草坪，我家的水费一个月也要 100 刀上下。

当然，和人工费比起来，水电煤基本可以算是浮云。我们有个朋友，住在纽约，冬天下雪，必须一直开着暖气。结果有一天暖气坏了，他打电话给厂商，被告知暖气设备尚在保修期内，所有配件可以免费更换。朋友开心坏了，两天后来了位老伯伯，一个人修修补补地搞了几个小时，搞定以后递给朋友一张账单：1500 美刀！人工费！

来美国后，我们买了一辆德国车，美国朋友听说以后连夸我们是"有钱人"。同时警告说德国车维修起来很贵，没钱一定养不起。没过两天，车子检修保养，我们果然收到了 1000 美金的账单。

痛定思痛，我们第二辆车选择了日本车，开出去自驾游的时候被轻微蹭了一下，国内修修应该 2000 块人民币以内的样子吧，结果美国保险公司来定损，告诉我们会修掉 1200 美金，其中 500 美金必须自付。

我在微信朋友圈说起这件事情，中国朋友纷纷表示巨大的同情，有朋友说："美国买辆二手车才万把美刀吧？"

美国朋友的回复就千奇百怪了，一位说："不要去修了，等下次再撞了一起修会便宜些。"另一位说："你自己拿把锤子敲敲不就行了？"我以为他在开玩笑，结果他不一会儿就非常认真地发来了网络链接,说看着网络教程修就行。

怪不得开在美国的大街上,天天能看见撞扁了不修的破车招摇过市,有的车灯是用透明胶带贴上去的,有的连车窗都是玻璃纸。

因为人工贵,所以我的美国朋友个个是 DIY 高手,他们自己修屋顶、通水管、刷墙壁、打理草坪。

比如我的一个朋友,工具房里锤子榔头这种普通工具就不说了,还有割草机、吹风机(秋天吹落叶的那种背在肩膀上的大家伙)、电锯(用来锯树枝)、电钻(据说是用来刨地种花的)……

他家下水道如果堵塞了,他会去清洁公司租借成套的通水管设备;地毯脏了他去租地毯清洁机;他还租货车自己搬家,实在搬不动了只请一个老墨搭把手。我说万一黑工把你的东西搬坏了不赔呀!朋友说正规搬家公司砸坏了东西,你没买保险也不赔,而且搬家费贵得够你买个新柜子了。

我的一位美国邻居是机械爱好者,打开他家的车库门,你能发现一个小型汽车维修车间。他甚至还利用业余时间,组装了三辆奇形怪状的摩托车!

不一样的价值观

后来我发现,美国人民的勤劳勇敢,其实是从小培养出来的。

我有位邻居,家有两个女儿,她每天去社区大学读书,晚上还能泡泡酒吧。我问她有什么秘诀,她说:"我大女儿已经 12 岁了,根据法律规定已经可以独自呆在家里了,而且她还可以带妹妹,她俩还能自己做饭吃。你家要有什么零活需要她们干尽管说,她们还可以做小时工帮你带孩子赚零花钱。"这是亲妈么?简直是把孩子当童工的节奏啊。

还有一次我在公园,看到一个妈妈带着 6 个孩子,她自己轻轻松松地推着婴儿车走在最前面,后面长长一串孩子哭了笑了根本不管,完全靠老大老二搞定。自此我深受启发,现在我儿子已经会帮妹妹洗脸穿衣服了。

不过这样的生活状态,对刚来的中国妈妈来说,还是很难适应。有一次我在公园遛娃的时候遇到了一位新移民妈妈,她的老公是一间 IT 公司的高管。她和我聊着聊着就哭了。

她说:"我来美国觉得累死了穷死了受不了了,我为什么不能请保姆呢? 我为什么要自己带孩子? 有一天我实在太难过就在洗衣房里哭,美国房子太大空荡荡的,只有洗衣房比较小但是很温暖。"

其实哪个新移民妈妈没有哭过呢? 我经常听新来的中国妈妈对老公说:"你这个骗子骗我说带我来看繁华的资本主义美国,结果把我活活骗到了一个大乡下!"

是的,必须住乡下。美国城区大白天你能看见当街卖毒品的,优质乡下社区可以好几天不锁门不锁车,几百美刀的东西扔在门口都没人捡。

另外一天,我扛着新买的铁锹,在院子里哼哧哼哧地挖地种菜,突然想起从前自己在上海,连换把锁都要打电话叫物业的日子。物业师傅收了 20 块钱我还嫌他收费高,那时的人生是多么的矫情啊。

不过美国人民好像毫不在乎这些。无论是开旧车还是自己干活,他们都做得津津有味。国内不一样,大家讲究的是面子。

记得我在国内参加过一次同学聚会,吃好饭大家转场出去喝茶,停车场开出来的清一色居然全是宝马,好像如果不是宝马大家都不好意思开出来一样。

可我老公的美国老板整天开着一辆嘎吱作响的老爷车,哪怕他手下人的车比他高好几个档次也全当没看见。老公一个 60 多岁的美国同事没事儿还经常给他洗脑呢:"开日本车吧,我那辆都开了 14 年了,从来没有大毛病,我简直没有理由换掉它。"

学会享受慢生活

其实在美国住惯了,发现这里也有一些可爱的地方。比如我们社区里到处是一人抱不过来的大树,开车半个小时就能看见大片的树林,这里有清澈的河流、湖泊,蓝色透明的大海,美丽的星空。加州数百公里无敌海景的海岸线,洛基山脉曲折蜿蜒,处处是免费的大公园。

所以美国人到了周末不是远足就是露营,要不就骑马、划船、冲浪。美国人普遍喜欢穷开心,许多人开着辆一直修不起的破车就上路了,皮卡后面还经常拖着行李车厢,里面有睡袋、有食品饮料、有猫有狗有孩子,车子前面挂着自行车,顶上绑着皮划艇。

在国内的旅游景点上,我经常看到许多匆匆忙忙的旅游团,大家匆匆下车,拍好照就跑。

来到美国,离家乡远了,离家人却更近了。以前老公总说工作累,还说反正有保姆和老人帮忙,回家以后经常两手一摊啥也不干,或者就去聚餐,晚上周末也常有饭局。

我也很忙,和闺蜜出去逛街,看凌晨的电影。现在倒好,商场超市早早就关门了,餐厅也没几家能入咱中国人法眼的。几乎为零的美国夜生活,一下把我们都送回了家。我们一起研究菜谱、一起下厨、一起带孩子唱歌,周末远足、假日旅行。

慢慢地,我学会了烤牛排、做甜点、烹饪各种复杂的中国菜,我还会种菜、种花、浇水施肥,顺便捉一捉鼻涕虫。最厉害的是,我还学会了给全家人理发。

慢慢地,我学会了放缓脚步,欣赏生活,学会了享受和孩子在一起的时光,学会了用很长的时间培育,然后等待一朵花慢慢绽放。在国内的时候,我常常很焦虑,逼着自己努力工作,时常缺乏安全感,因为那时我觉得,没钱一定不会幸福。到了美国,我开始觉得,就算没有太多钱,依然可以很快乐。

那天晚上,我站在门口看星星,邻居美国大妈刚巧出门,就停下来和我一起仰望星空。她告诉我哪颗是火星哪颗是木星,行星不眨眼恒星才眨眼睛,她给我讲每个星座的名字,描述8月份流星雨的壮观……

其实美国大妈就是个普通人,唯一的工作是帮侄子带孩子。那个瞬间,我突然发现,其实哪怕就算当个家庭妇女,也一样可以很有型很有款很拉风很酷炫!

(图片来源:CFP)

本文发表于 2014 年 3 月 21 日

一个皮孩子所经历的中美教育 可 言

中国老师的噩梦

我的儿子很皮,皮到什么程度呢,这么说吧,凡是男孩儿可能会有的毛病,比如多动啊,爬高爬低啊,比如注意力不集中啊,比如把大人的话当耳边风啊……他都有,更可恶的是他还有许多歪点子,你批评了他这个,威逼利诱他改,他很快就能想出另外一件坏事情来做,都不带重样的。

这种孩子,上了幼儿园,简直就是老师的噩梦。他从两岁开始,就在国内上幼儿园托班了。第一天放学我去接他,远远就看见教室窗台上挂着一条十分眼熟的小短裤。

还没结婚的小老师看见我激动得都快流泪了,老师说:"组织全班小朋友坐马桶,别人都乖乖的,只有你儿子不好好坐,他没有大便也就算了,居然一定要把大便拉在裤子里……我是活活用手给他搓的裤子,那个臭!"

满三岁,换个幼儿园上小班,他变本加厉了。头一天放学我去接他,三个老师拉着我轮流控诉他的顽皮。有的说一不注意他就爬到柜子顶上了,有的说喊他十遍八遍他都不理人的,还有的说他总是砰砰关门,把别的孩子手给夹了。

从那以后,几乎两年的时间里,我每次去学校接他,都要被老师拉住告状,平均每天半个小时。只要远远地看见老师拉着他的手在等我,我就知道,小子今天又惹祸了。

美国的"正常"学生

后来,我们全家去了美国,我把儿子送进了美国的幼儿园。第一个月,风平浪静,第二个月,没什么动静。半年过去了,儿子的老师 Morse 居然一次也没找我谈过话,我后来实在忍不住了,主动找她去聊。Morse 说:"你儿子挺好的呀,就是有时候注意力不太集中,但是这些都是正常的。"

"正常!"听了这话,我的第一反应不是如释重负,而是忍不住想说:"老师,你没事吧?""哈哈!"我儿子在我背后做鬼脸,"妈妈,我刚带领全班同学把一张地板那么大的纸画成了妖怪!"

其实送孩子上课的第一天,我就意识到了中国教育和美国教育的不一样。

首先从老师的配置上就能看出来,儿子在中国上的是公立幼儿园,班里27个学生,标准配置三位老师,其中一位生活老师,专管孩子们吃喝拉撒的。可在美国,没有公立幼儿园,只有公立小学,儿子在国内是上中班的年纪,在美国上的是小学预备班,班里28个学生,只有一个老师。

开始我挺诧异的,一个老师怎么管得过来28个孩子呢?特别像我儿子这种一分钟看不到他就上房揭瓦的朋友。后来发现,我的担心根本就是多余的。

第一,美国老师根本不管学生的吃喝拉撒。以前我们在中国幼儿园,每个班级的教室里都有小水桶,每隔一段时间,生活老师就会提醒:"该喝水了啊。"到了中午,老师会把饭都盛好,"小朋友排队吃饭!"饭后老师收盘子收碗。

可是在美国,老师不管这些,小朋友想喝水了,学校厕所门口就有那种直饮的水龙头,自己上去咕噜咕噜喝一通自来水就是,他们也不想想孩子运动过后,或者大冬天喝凉水会不会拉肚子。

年级高一些的孩子下午有课,他们在学校午餐,也是自己动手,儿子学校连个室内吃饭的教室都不安排,孩子们坐在操场上的树下就把午饭解决了。午饭自己领,垃圾自己收,风吹雨打都不管。

上厕所也是,每个孩子上学之前(连幼儿园也是),学校都要求家长对孩子进行"马桶训练",具体就是要求孩子必须学会自己坐马桶,自己擦屁屁。来了美国之后,有几次儿子放学臭烘烘地就回家了,一问,他自己上厕所没擦干净。老师还是不管,她的理论是:孩子擦不干净是正常的,但是擦不干净他自己肯定会难受,难受了肯定认真学,多试几次自然就擦干净了。

另外,美国小学上课也像大学那样需要四处"串门",上音乐课去音乐教室,那里有专门的音乐老师讲课,上电脑课去电脑教室。每个班的带班老师只是组织的角色,不像国内老师,事无巨细都要操心。

课外活动"无法无天"

最让我印象深刻的是,美国的课程和课外活动几乎"无法无天"。他们操场上的攀登架造得有一层楼那么高,有儿童攀岩的岩壁,有绳网,有奇形怪状的梯子、滑轮、平衡木。每次看儿子在操场上玩儿,看到他在攀登架的顶上翻来翻去,我跳起来都够不到他的腿,让人心惊胆战。

他们还经常搞各种主题活动,有一次全校老师都穿上红白相间的长筒袜,带着高帽子扮演动画片里的猫,滑稽得不成样子;还有一次是"疯狂头发日",老师统统把头发染成一条红一条绿,班里小朋友打扮得也蛮惊悚的,男孩头上带着各种假发,女孩统统像村姑一样,头上"开满了鲜花"。

他们讲故事不用坐在小椅子上,全都盘腿坐在地上。他们画画经常不用笔,有时候用手,有时候用纸团,有时候用印章,有时候就在地毯一样大的纸上爬来爬去。来美国上学之后,儿子身上的 T 恤每天放学都是"惨不忍睹",各种染料各种纸屑各种泥巴。他的脸上手上也从来没有干净过,甚至有一次,他说受了老师的启发,回家用水彩笔把妹妹画成了一只小猪!

想起从前在国内,有一次放学,老师一脸凝重地拉住我(这次终于不是郁闷地),特别抱歉地说:"对不起啊,让你儿子受伤了。"结果我看了半天,才总算在他脸上发现了一道很浅很浅的划伤。

现在呢?儿子几乎隔两天就会挂点小彩回家,今天是膝盖磕青了一块,明天是手指划破了一点。我问他怎么回事,他往往满不在乎地说:"哇噻,今天的游戏真是太疯狂了,我们在小石头地上爬来爬去,不过我爬得超级快。"或者说:"踢足球摔了一跤,我们抢球都摔跤了,老师也摔了。"

后来我算看明白了,中国式教育是尽力让孩子们更乖更听话,美国式教育是让孩子更忙更自由。所以,到了美国之后,皮儿子突然惊奇地发现:他那点顽皮的小花招居然有点不够用了。

规矩该做就做

疯归疯,可是该做的规矩,美国学校一样也不少。比如守时,记得从前在国内上幼儿园,8点半上课,孩子们陆续到齐得等到9点半。放学也是这样,4点下课,总有几个孩子留到4点半甚至5点才被接走。老师坚持不懈苦口婆心,众家长态度谦恭、屡教不改(我自己也这样)。

到了美国,说8点半上课,8点29分老师绝不给教室开门。如果迟到,可能班里的孩子就到其他教室上课去了。放学更不用说,父母晚接一分钟,孩子会被直接送到总务办公室,老师继续该干嘛干嘛,哪怕她有大把时间,也绝不为任何一个孩子通融。这是公立学校,私立学校还要罚款。第一次迟到提醒,第二次迟到警告,第三次迟到你就直接交罚款吧,一分钟一美元。

比如遵守规则。有一次儿子一放学就抱着我的腿哭,他说:"我上课画画,老师规定20分钟画好,我还差一点点就完成了,可是老师说时间到了就把画笔都收走了。"

另外一次儿子抱怨:"我们在电脑教室玩儿,时间一到老师就把电源都给关掉了,我东西只做了一半呢。"这些话他都是当着老师说的,结果老师两手一摊:"没有办法,规定就是规定。"儿子说:"你不能等等我么? 我在中国老师都等我的。"美国老师说:"我不等。"又过了两天,儿子兴奋地告诉我:"我今天第一个完成了手工,还帮老师收拾了全班的东西呢。"

还有一回,儿子头上顶着椅子在全班同学面前跳舞,老师直接就把他送去另一个老师班上了。对付顽皮的孩子,美国老师常用的办法就是送他去另外的班级"深造",或者让他在陌生的教室安静一会儿(还给动画片看),或者送他多上一节体育课。没有观众起哄,或者多消耗掉一点体力,小朋友通常自己就冷静下来了。

比如学习独立和自理。自己喝水上厕所是一个例子,还有管理自己的东西。中国幼儿园每人给配个小柜子,写上孩子们的名字,每个人的东西都分开放,放学了老师会提醒大家拿好自己的衣服书包。

美国幼儿园不管,所有的书包扔在一个桶里,所有衣服堆在一个柜子上,所有作业摊在一张桌子上,你回家的时候自己带走,老师不会提醒一个字。在中国,有几次孩子的东西忘了带,都是老师帮我找到的。在美国,有一次儿子放学忘了带衣服,老师说"他自己一定知道在哪里。"

不一样的宠爱方式

其实无论是在中国,还是在美国,儿子遇到的,都是十分尽职十分爱孩子的好老师,不同处只是他们爱孩子的方式。

有时候我也会反省一下,如果我们中国家长能学着不把孩子看的那么重,保护得那么严实,不用想得那么周到,也许老师就能少些紧张,对孩子多一些放手。

而中国式教育最大的问题可能还在于:当我们应该把孩子当成孩子的时候,我们却习惯于把他们当成大人来管(上课坐好不许动);而当我们应该把孩子看成大人的时候,却偏偏继续拿他们当成长不大的孩子(中国孩子三岁会自己擦屁屁的请举手)。

问儿子究竟是喜欢中国还是美国的学校,儿子说:"美国。"我问为什么,他说:"中国上课要坐板凳的,我坐得屁股疼,还是坐地上比较适合我。"

别看美国老师对他一点也不特别一点也不照顾,他每天回家还是会屁颠屁颠地找东西第二天带给老师去看,今天是院子里刚刚发现的三叶草,他说:"啊,它的三片叶子都是心形的呢,我要送一把这个草给老师,代表 I love you so so much。"明天是一张他自己在天文台拍的照片,他说:"这样老师就会教我'宇航员'这个英文单词怎么说,还会给我讲宇宙的故事呢。"

然后第二天早上,当他和一堆小屁孩一起争先恐后地往老师怀里塞各种各样奇形怪状的废纸片和小垃圾的时候,老师会一如既往大惊小怪地用我听了都受不了的夸张口气说:"哇!这是我见过的最棒的作品了!你是最特别的孩子!"

(图片来源:CFP)

本文发表于 2014 年 4 月 9 日

美国公校私校大 PK 张梦麒

拼学区 vs 拼荷包

最近,一些朋友打算把孩子送到美国读书,纷纷问我美国的公立学校和私立学校到底有什么区别,到底选择哪种学校才能让孩子进入心仪大学的把握更高?最开始我也不太明白,不过我喜欢四处打听,混进了几个从小学到初中到高中到大学的家长圈子,找了一些美国朋友现身说法,又找了些老资格的教师问个明白。

总结下来,情况大概是这个样子的:

首先,上公立和私立需要的条件不一样。和中国差不多,美国的公立需要"学区房",不过因为美国没有户籍制度,报名上学也不用看房产证,所以学区房可以是买的也可以是租的。报名的时候,只要出示水电煤气的缴费凭证,证明你是该区居民,就可以进入对口的公立学校了。

所谓对口学校,被称为"home school",这样的学校哪怕你错过了报名时间,一样随时可以进去。我们刚来美国的时候就曾经犯过这样的错误,忘记了学校报名时间,经过朋友提醒,惶惶然跑去注册。

因为这所对口小学评分在 90 分,属于美国"教学质量老好"的学校,我们特别担心错过报名会被拒绝,或者被调剂到差一些的学校去,没想到老师二话没说就把手续给办了。当时人家学校一学期的课,都已经上了三分之一。

当然,每个学区的公立学校,从小学到高中可能不止一所。特别是小学,会有几所比较有特色的学校特别受欢迎。比如我所在的学区,就有一所学校是以数学教育见长,还有一所学校暑假只放一个月,另一所学校是双语教学。

在规定的报名时间里,即便这些特色学校不属于你的"home school",你也可以申请抽签,抽中了就能进去上学。还有一项规定非常人性化,只要你有任何一个孩子抽中了这所学校,那么你所有的其他孩子都可以"搭便车"进入该校。

私立学校的入学标准就简单得多——交钱。但也不是所有私立都是有钱就能进去的。那些名声响、升入好大学人数多的私立,往往需要孩子参加入学考试。比如我们学区最好的几所私立高中,近些年都要考试,录取比例从几十比一到上百比一。

免费 vs 高收费

其次,收费标准不同。美国孩子,从5岁起,可以享受免费的公立学校教育。这种免费,是真正一分钱不用出。

比如我儿子所在的公立小学,连书本费资料费都不交,学校最多每个学期组织几次募捐,纯粹靠自愿,捐个五块十块就行,不捐老师也不会给你脸色看。如果需要出去郊游,学校会提前好几天向家长募集活动费,也是八块十块的,完全自愿,集不齐经费活动就取消。

而一旦经费凑齐,学校也会对所有的孩子一视同仁。贫困家庭的孩子即便一分钱不交,也可以参加所有的活动,而且学校还为贫困学生保密,谁交了钱谁没交,其他家长和学生都不会知道。

私立学校是私人办学,一切向钱看。收费标准根据学校类型不同有很大的差别。其中教会筹办的私立学校收费相对较低,纯商业性质的多数按名气收费。

我一个朋友的孩子最近进入了一所教会初中,学费是一年17000多美金。而我另一个朋友的孩子,都在学区内一家顶级私立高中上学,学费每人每年是7万美金。后面这位朋友的先生是公司高管,一年有几十万美金的收入,可就因为家里有两个私立学生,最近光荣加入了"月光族"。

私立高中学费之贵,直追昂贵的私立大学。比如斯坦福大学,目前一年的学费杂费加起来也只有6万美金上下。

老师很牛 vs 客户是上帝

那么办学质量问题,究竟是公立高还是私立高呢?

我问过几位美国老师,大家的一致意见是——公立学校的师资质量更有保证。公立学校的教师必须通过专业培训和严格的考试,并且获得专业机构颁发的各种证书以后才能上岗,所以老师平均水准比较高。而私立学校只有当经费充足的时候才能聘请到好老师,否则可能会混进很不靠谱的老师。

一般来说,公立学校的资金由政府拨款,所以实力更加雄厚,而私立学校主要的经济来源就是学生缴纳的学费,有时会有一些社会捐赠作为补充。正因为不差钱,公立学校往往有能力筹建一些设备先进的实验室,或者组织更加丰富的课外活动。而只有那些学费高昂名气响亮的私立学校,才能在硬件上和公立学校一较高下。

虽说公立学校有种种优势,但仍有相当多的家长对学校不满。

比如,老师可以忽略家长的意见。我的朋友 Jane 告诉我,有一次孩子向她抱怨,说老师在上数学课的时候当着所有人的面发牢骚说:"我恨数学。"一个数学老师,本来应该以激发孩子的学习兴趣为己任的,怎么能说这样的话呢? Jane 气愤之余去决定找老师聊聊,没想到老师说:"我就是恨数学,但那又怎样?我有权发表自己的观点。"

私立学校的老师,如果遇到家长抗议,起码在态度上是积极友善的。对私立学校来讲,家长就是客户,得罪客户可不是小事情。

公立老师为啥那么牛?主要还是教师工会力量大。一位当过公立学校校长的朋友告诉我:"美国公立学校校长里流传一个笑话,说校长要想摆脱一个差老师,那'杀了他'比'开除他'要容易得多。"

公立学校另一个惹人诟病的问题是老师容易忽略学生。朋友黄先生的女儿就曾经因为顽皮被老师罚到教务处去坐办公室,然后,老师就彻底把他女儿忘记了。不光一整天的课没上成,连中午饭也没得吃。后来黄先生到校长那里去投诉,校长也没有办法处罚老师,只能给孩子换了个班级了事。

"我以前就觉得这个老师对孩子都漠不关心的,"黄先生对我说,"可是向校长反映了好几次,他也不肯给我换班。现在出了问题,倒把坏事变成了好事。"

公立学校里,一个老师面对的往往是 30 多个学生,无法全面顾及也是人之常情。另外,公立学校老师必须经常参加各种规定的考试、培训,比私立老师的"课外活动"要多出很多。尽管如此,教师工会还要求学校"保证老师不加班",比如老师每隔一段时间要写工作报告,学校这时就必须找代班老师顶上,让正式老师能够在工作时间完成报告,而代班老师的水准当然比不上正式教师。

大部分私立学校一个班级只有十几二十个学生,老师也会特意尽量关注到所有学生,保证让家长得到最好的"客户体验"。

另外,会有家长觉得有些公立学校老师的教学水平不高。其实这主要因为公立老师的收入水平和本人的教学水平不挂钩,而是和学历及证书挂钩的,比如硕士生教书不一定比本科老师好,但收入一定比本科生老师高。因此,一些老师为了加薪,就整天忙着考证书、求学位,而忽视了最根本的教学。

最后,因为私立学校是以经营为目的的,他们会想尽办法在学生考大学的时候,为学生提供最好的推荐信和各种活动证明。众所周知,美国的私立大学非常看重推荐信和学生社会活动,私立老师用心准备肯定能给学生加分不少。因此,顶级私立高中的名牌私立大学录取率,的确是领先于一些顶级公立高中的。

那么,在美国就读,到底是去公立还是去私立呢?无非以下几种情况:

没太多钱的情况下,无论住的学区好或不好,本区域的公立都是首选;当然,学区不好又没有很多钱的情况下,还可以去教会开办的私立学校,毕竟环境能够单纯一些。

学区好而且钱很多,可以选择顶尖私立就读,前提是孩子争气能考上;学区不好但钱多,私立就几乎是必然的选择。

具体到各个学校,公立学校选择可以看学校评分,也可以亲自去学校和校长老师交流一下,看看是不是对你的思路。

私立学校的选择,就一句话:但求最贵!因为它敢开出这样的价码,肯定是,有—原—因—的!

(图片来源:CFP)

本文发表于 2014 年 8 月 16 日

上海学生有多苦，CNN 哪知道 王 奋

再过几天就要放寒假了,但我却高兴不起来。因为上初二的孩子寒假里还是要上各种补习班,早出晚归的日子还得继续。

前些天听朋友说,上海中学生近日在国际学生评估项目(PISA)测试中再度夺冠(美国排在第 36 位),引起了 CNN 的关注。CNN 认为,这证明了上海的教育改革成功,值得整个中国借鉴。美国的教育专家说,上海的学生和家庭深信,教育可以改变自己、改变社会。

果真如此吗? 作为一个一路陪读过来的妈妈,我不能认同 CNN 的结论。成绩好、某个测试第一名,能证明什么呢? 无非是应试能力强而已。上海的学生和家庭,真的相信教育能改变自己和社会吗?

超前学习,从幼儿园开始

因为家有读书郎,加上平时的日常工作也和教育打交道,所以我对上海中小学现状颇有了解。

在上海,很多孩子还没进幼儿园就开始了"早教"。家长们工作日上班,休息天带着孩子上早教,唯恐落后在起跑线上。

以我的孩子为例,一开始我信奉"放养"的理论。孩子的幼儿园是愉快的,我们也忍住没给孩子外面报班。但一进小学,一年级的语文让我们傻了眼:拼音没学过,一上来就是句子。以至于孩子以班级倒数第一的成绩,开始了他的小学生涯。

不过和身边的朋友一交流才发现,我家孩子的情况还不算太糟。有些进了名校的孩子,那才叫"两眼一抹黑"。因为不少名校入学就要求识字几百几千,英语要有基础。如果之前都没有教育准备,班级倒数几乎是逃不掉的宿命。最后,家长随大流给孩子上各种补习班,也是逼于无奈。

为了不让孩子一直"倒着数",从三年级开始,我们让孩子课外学了奥数和英语,我们算是补得晚的。在补习机构里,一二年级的孩子是大把,幼儿园大班甚至中班的孩子都有。更有读小班的孩子,国语还讲不利索,就已经开始了学英语的漫漫征途。

一位家长告诉我,她朋友的孩子幼儿园大班在读,周一到周日全部排满。除了英语、拼音等文化课,还要学跳舞、画画、轮滑……这么多班都要大人陪,怎么办?

只能父母、爷爷奶奶、外公外婆齐上阵,每天轮班送孩子去上课。如此一来,家长、孩子都没有休息天。而且,越是要上名校,要补的课就越多。

这还是小学和幼儿园阶段。对所有家长来说,小升初才是第一个重要关口——因为上海的中考录取比例很低,基本只有一半左右的孩子可以从初中升到高中,剩下的只好进职校。只有进入好的初中,才能保证将来进入好的高中。因此,进入一所好初中,成了一场必打的硬仗。

面对巨大的竞争压力,绝大多数学校和家长的做法只有一个:超前学习!于是,幼儿园看小学课本,小学学初中知识,初中学高中课程,几乎成了一个恶性循环。

不开小灶,难进名校

小升初结束,再过数年,还有"初升高"在不远处等着你。

在这里,有必要说说这个"自主招生"是怎么回事。根据目前的中考政策,市重点高中的升学渠道分为自主招生和裸考两大块。自主招生,就是学生在中考前就取得四校和市重点的预录取资格;取得预录取资格的学生,中考成绩可以比裸考分数线低 20 来分录取。

能获得参加名校自主招生考试的机会,是很不容易的。一般需要有排名靠前的一模、二模成绩和竞赛奖项,方有机会通过自荐得到名校的预录取。

自主招生考试每年有 2 次机会。第一次人数较少,在一模考试结束后的冬令营,"四大金刚"和"八罗汉"(市民对上海重点高中的"俗称")都有,一般入围者都有新知杯大同杯一二等奖,科普英语、SSP 等奖。如果没竞赛奖,一模考在区排名前几十名之内,也可以参加。

自主招生考的难度,理科和英语较高,相当于竞赛初赛水平,英语相当于高一水平。越是名校,自主招生考试难度越高。

假如你的孩子没在课外开小灶,不学些高中水平的东西,自主招生几乎不可能成功。更要命的是,现在各大名校自主招生权力越来越大,自招比例越来越高,有些名校甚至高达近50%。

所以也难怪初中老师对有志于自主招生的高年级学生频频暗示,该去外面加加"料"了。如果按照课堂的知识,孩子们基本与名校无缘。

但入了名校就一劳永逸了? 在给孩子陪读的过程中,我发现越是名校的学生,补课越是积极。像来自华育、兰生这样的名校学生,在补习班多如牛毛。

一个陪读的家长曾经告诉我,他女儿在某名校理科班8年级。从6年级开始,假期就没有旅游过一次,一直奔波于各大培训班,数学、英语、物理,什么都要补。

如有松懈,名次就要落后,因为班级人人都在补课。他说,班主任就不赞成他们假期旅游,说成绩不理想,出去旅游有什么意思? 其实,在这种学校名次一般的孩子,放在普通初中甚至是年级前茅的水平。

难怪,这年头补习班越开越多,家家都生意兴隆。不过如今的补习生,不是因为成绩差要补课,恰恰是因为成绩好,反而需要更好!

减了老师的负,添了家长的累

现在的孩子虽然在物质上是相对充裕的一代,但是他们的稚龄年华,却被各种补习班填满;健全人格还来不及成长,就已经被各种功利所浸染。这些年时常听到学生跳楼的消息,而且一年比一年多,实在令人扼腕。

当然了,这几年教育主管部门也一直想给孩子们减负。然而要改变现状,绝不是下一道减负令就可以做到。而且往往最后减负,减的是学校老师的负,反过来添了家长的累——不仅腰包越来越瘪,还要和孩子一起搭上所有的休息日。

回想在我自己的学生时代,只要在课堂上学习努力,就有进入名校的机会。但我的孩子现在面临的情况,已经和当年完全不一样。

近十年来,学而思、昂立、菁英之类的课外补习机构的分支遍布各处,课堂教育逐步让位于课外提高。原本是"主食"的课堂教育,现在变成了"餐后甜点"。更有一些"名师"忙着课外办班。这也不难理解,学校的收入只能是稳定、温饱,但课外的收入却可以买别墅豪车。

那些在 PISA 考试中获得高分的学生,背后究竟付出了怎样的代价?

不来上海的各种补习班亲自体验一番,CNN 恐怕永远都无法明了。更何况,在每一个学生的背后,都有着父母甚至几代人的陪伴和付出。至于这些应试教育的高手,在未来的人生中能取得怎样的成就,恐怕还是疑问。

(图片来源:CFP)

本文发表于 2014 年 1 月 6 日

上海"四大名校"的明争暗斗 | 草间虫

在上海,提起"四大名校",很多家长都知道并非指复旦、交大等名牌大学,而是指几所赫赫有名的高中——上海中学、华师大二附中、复旦附中、交大附中。

这四所学校之所以被冠以"四大名校",首先是因为历年高考,这四所高中十有八九稳居前四名。此外,"牛校"除业绩超人之外,其办学风格及"掌门"的个性风格,也颇增其盛名。

靠山PK

当然,名校绝不是一天炼成的,办学历史和生源结构都是名校崛起的基础。

四大名校中,历史最悠久的是上海中学。上海中学的前身,是创始于1865年(清同治四年)的龙门书院,曾是"江南四大名中"之一——民国时期,江苏省立的苏州中学、上海中学、扬州中学和浙江省立的杭州高级中学,以教学卓著,并称为"江南四大名中"。直到现在,上海中学都直属于市教委,因此在办学资源上也颇有优势。

复旦附中,创办于1950年,前身是华东人民革命大学附设工农速成中学,1953年起改属复旦大学领导,之后曾改名为"复旦大学附设工农速成中学"、"劳动中学"等,直到1962年定名为"复旦大学附属中学"。无论是其悠久的历史,还是与复旦大学的密切联系,都让这所名校成为家长和孩子们心中的圣殿之一。

比复旦附中年轻8岁的华师大二附中,除了骄人的奥林匹克数理化竞赛成绩外,另一个给人留下深刻印象的,是在若干年前大热了一把的电视剧——《十六岁的花季》中作为取景地"露脸",男女主角曾在华师大二附中的食堂里有过一场戏。许多年后,当一些80后集体怀旧之时,剧中的清纯男女和当时的校园,齐齐成为他们怀念的对象。

和复旦附中、华师大二附中类似的是,交大附中同样创建于20世纪50年代,其校名也经历了数次变更,直到1964年定名为上海交通大学附属中学。

四校之中有三所学校分别背靠复旦、华师大、交大三棵大树,大学导师带教、提前拓展学习相关课程、自主招生时优先考虑等一系列"利好",无疑令它们具有很强的吸引力。上海中学直属教委,自然也腰板硬得很。从"靠山"这一点来说,四大名校算得上不相伯仲。

生源之战

不可否认的是,能够提前对接大学教育,与四校的生源基础密不可分:四校通过推优、自主招生和"零志愿",网罗了上海最顶尖的 1600 名初中毕业生,这批学生,约相当于上海所有中考考生的前 2%。

不少人认为,以这些学生的智商和基础,甚至不用教都能考进名牌大学。因此,四校有足够的空间在应试和素质教育之间寻求平衡。

四校的生源战也颇激烈,尤以上中与华二的"明争暗斗"最为激烈。

比如,上海中学四五年之前以"创新人才培养"为契机,率先申请到了提前招收"自主招生"100 人的名额。华二得知后,迅即奔走于上海市教委和教育部,次年华二、复旦附中和交大附中三校也获得同样的招生政策优惠。

再以两校开办分校为例,为了提早圈住优秀的初中生源、壮大高中的实力,上海中学开办华育初中、星河湾海归子女学校等一批民办学校,甚至将"地盘"扩张到华二跟前——民办张江集团中学落户华二附近,面向全市招生。

"吃瘪"的华二岂会示弱,迅速派出精兵强将,在嘉定新城创办民办华二初中、在闵行紫竹园区创办分校等,形成鼎立之势。

再如办学比拼:坊间调侃"上中学生高一的数学试卷冬天能当被子盖",以描述其课业之多;而华二紧盯竞赛活动,奥林匹克数理化竞赛屡夺世界冠军,华二得"金牌学校"之名,如今生物博士娄维义领衔科技竞赛团队,数届学生在因特尔国际青少年科技创新大赛摘金夺银,

还有两名学生获得小行星命名,双方各有骄人业绩。

拼"掌门人"

同样选拔的优秀生源、同样对接大学课程,但四校的毕业生学生"气质"有明显

差异——这恐怕与四校的学校文化风骨不同、"掌门人"性格不同大有关系。

去年从上海中学校长退位的唐盛昌在上中主政近30年,这位"硬汉"式的校长,把上海中学和其相关的民办华育等,打造成一个应试与素质俱硬的"王国"。而华二校长何晓文虽然是四校中唯一一位女掌门,其风格之硬朗不让须眉。

有意思的是,除了市级层面组织的活动两位校长不得已要同时出席,其他由上中或者唐盛昌组织的论坛等活动,何晓文从不列席。如唐盛昌从教51周年纪念会,全市各名高中校长悉数到齐,只有何晓文派出的是副校长。

相比之下,复旦附中和交大附中虽然也名列四校,但这两校的发展和竞争策略不像上中和华二那样直接"短兵相接",可能与"掌门人"性格不无关系。

复旦附中前任校长谢应平在位多年,一直秉承"无为而治"。教职员工和学生百花齐放、个性尽显。谢应平主政期间,复旦附中教工不坐班,即便是图书馆馆长也有自主权,他不事名利的淡定作派,深受师生爱戴。谢应平退休后基本"淡出江湖",不再过问复旦附中校务。

现任校长郑方贤曾任复旦大学招办主任、管理学教授,他将管理学特长引进治理复旦附中和其浦东分校,强调精致管理。虽然有教工戏称复旦附中正变身"上中附属复旦附中"——盖调侃其严格考勤控制、要求学生住校等一系列"严管"举措,但郑方贤兼跨复旦与附中,在引进大学资源办附中、对接大学招生、组织高品质的论坛等方面颇有开拓性。

徐向东30多岁就出任交大附中校长,是当年上海市最年轻的市实验性示范性高中校长。来自交大的他,把大学的自主、自治推广到交大附中,学生自管颇有成效。近年来学校重视科技创新实践教育,在国际机器人大赛、头脑奥林匹克大赛等赛事上均屡有斩获。

(图片来源:CFP)

本文发表于2014年1月14日

香港内地生:理解状元不选港大 | 晓 波

作为一名曾分别在北大和港大就读的内地本科生,我对刘丁宁离开港大的魄力和勇气表示由衷的敬佩。我觉得她比许多不喜欢香港的环境,却要逼自己凑合下去的内地同学要勇敢。回想我在港大三年的求学经历,也正印证了这样一句话:港大,想说适应不容易。

疲于应付的舍堂活动

6年前,我作为北大的委培生进入港大学习。首当其冲的冲击,并不是之前预期的生活上的水土不服,而是学习上的困难。因为,港大并非所有课程都是全英文教学,其中文学院开设的课程多为粤语教学,每门课程对应的"Tutorial"导修课上的助教讨论更是如此,这种初始的语言障碍,会令人很焦虑,学业上的挫败感会油然而生。

不过,我认为港大的 HALL(舍堂)文化,才是许多内地同学真正感到难以适应的地方。

内地本科生在港大第一年的住宿是有保证的,但此后能否继续在舍堂住下去就要看个人的表现和造化了。许多同学都很感慨:"在来港大之前,从没想过会面临着从学校宿舍被赶走的危险。"

在港大,每间舍堂的文化都不一样,如有的舍堂比较严酷,对舍员的各方面控制和要求较多;有的新舍堂文化还没充分形成,相较而言对个人的约束管制较少。

你要是运气好被分到自己喜欢的一间堂,接下来的一年会过得顺心些。

我入学那年,港大共有十三间舍堂,分别是:大学堂、圣约翰学院、何东夫人纪念堂、利玛窦堂、太古堂、李国贤堂、伟伦堂、利希慎堂、利铭泽堂、施德堂、马礼逊堂、李兆基堂和孙志新堂。

舍堂都有自己的学生会,每年学生会的年审都会评估舍员对舍堂的贡献度,以决定其下一年的舍位是否予以保留。贡献度一般通过舍员对舍堂活动的参与度、舍堂间各类比赛中争取到的荣誉奖项以及在舍内的人际关系等方面来评定。舍堂活动包括文化类(辩论、戏剧、歌舞、合唱和桥牌等社团)、体育类(球类、田径和游泳等社团)以及其他类。

如果一年下来,你太过潜水以至于被认定为可有可无的话,学生会年审时就会"踢"掉你(Quit Hall),让你卷铺盖到校外租房去。所以内地同学参加舍堂社团和活动时必须要认真对待,不能随便溜号,才有望保住下一年的舍位。这也就意味着,各类社团活动将占用你大量的学习时间,这对于很多一心想在港大专心念书的内地同学来说,是特别苦恼的。

举例说,我参加的曲棍球队,几乎每天晚上都要训练 2 个小时,队友间相互监督考勤,督促彼此"搏尽"(港大舍堂最为崇尚的一种态度),甚至到了不近人情的程度,对学习时间和期末的 GPA 造成了一定的影响。但话说回来,你即便参加了一堆社团,勤勤恳恳地去参加舍堂活动,也有可能一分贡献度没拿到,或是因为与楼友没相处好而被踢出舍堂。这里的关键,在于你参加的社团能否在舍堂搞出声色,取得成绩。

舍堂生活中,最让人不适应、甚至让内地同学非常反感的就是各类活动,因为对舍堂活动的参与度是一项硬指标。很多活动都是强制性的,不管你是否喜欢。但要是经常不参加,就会成为当地学生眼中不合群的人。

我刚入舍堂那个学期,差不多每星期都有 4—5 个晚上的时间分配给了舍堂的各种活动。但与此同时,我的课程是从上午 8 点半到下午 6 点半,经常是上完最后一堂后就急急忙忙吃晚饭,然后赶回 Hall 参加高强度训练,以帮助舍堂争取 Malayan Cup 的上佳成绩。有的舍堂活动还经常延续到凌晨 2—3 点,第二天早上我又要赶早起床，整个人非常疲惫，曾经有一段时间感觉都快崩溃了。

因为实在没法支撑下去，最后我还是退出了个别社团，舍堂活动也参加的少了。在承受被踢走的风险与保住自己的 GPA（绩点）之间做出了选择。

大有差异的文化

一般而言，当地生很少能够理解内地文化地域的多元性，经常用有限的刻板印象，去硬套到所有的内地同学身上，结果自然是啼笑皆非。

更让人无奈的是，当地生大都是夜猫子，经常熬夜，半夜三更却总是召集楼友通宵开楼会。这些楼会的话题包括学生会换届大会上该如何来发起动议来维护香港社会民主，迎新营应该增加哪些整蛊项目来玩残新人，甚至连每个人的感情隐私都要拿出来讲，还美其名曰"兄弟会"分享。

强忍着睡意参加这些会议的我，慢慢体会到了这其中冗长的发言和争辩是多么无聊和没有意义，但即使你保持沉默，也免不了会被攻击，被排挤，或被扣上一顶"无归属、不合群"的帽子。

以对舍堂文化的忠诚度为准绳，我们经常会被要求参加各式缺乏意义的活动，如半夜一起爬到太平山顶高呼舍堂口号，或舍堂之歌（通常伴以一整套肢体运动），或是夜晚下到西环疯玩撒欢。夜深人静两三点街坊四邻正准备休息时，要我们一起在街上惊声尖叫制造各式噪音，游荡在校园里要求每个人在港大门口问 10 位路人港大怎么走，诸如此类无厘头的事。

如果你对此表示不认同，或是不愿意参加此类活动，很快就有一群舍友来你的房间夜访，主题通常是对你进行舍堂文化的洗脑教育。碰上心直口快的内地同学时，双方常常会陷入激烈的争论中，实在说不过，则动辄以 quit hall 为要挟或是直接的谩骂和压制。

可能是我比较敏感的缘故吧，常常会感觉到不少香港学生潜意识里有种救世主式的倾向，觉得我们内地同学都是被政府洗脑的，之前都是过的很可怜的生活，就像需要被拯救的迷途羔羊。这一类冲突和不适应，给港大舍堂里的内地同学和香港学生的人际交往带来了根本性的隔离。即便是像我这样一个会说流利粤语的人,也还是常常会在与当地生的沟通交流中,感到彼此间横亘着一堵无形障壁。

如果你想改变现状去尝试融入到当地生的社交圈子里去,如同我曾经试过的,即便最终你如愿以偿了,内心可能还是不那么畅顺、舒服。因为从众的前提,往往需要你失去基本的判断能力,或者不在特定的事情上注入过多的情感。一旦你有判断力,去质疑为什么要做这件事,当地生就会因此疏远你。我们那年同一层楼总共 7 个内地同学,最后被舍堂学生会踢掉了 5 个。

被吐槽的内地生

港大另一方面让人不容易适应的,是校园里的"泛民主"气氛,尤其是以港大学生会为代表的"为了反对而反对"的思潮举动。

在很多香港学生眼中,对政府、校方的反感反对都成了政治正确。其中尤为突出的,是一些港大学生会嚷着"占领中环",参加各种反对政府的集会活动。

于是乎,我们一群内地同学,即便你是属于"政治冷感",或是更为关心自己 GPA 以及随之而来的工作实习、交换项目和就业机会的沉默少数,也都成为了被攻击的对象,连保持沉默的自由也被夺去。

这种现象的产生,当然不是没有原因的。港大的课堂成绩大多是曲线分布,也就是一门课里限制了多少人拿 A,多少人拿 B。所以一旦内地同学大量出现在某门课里,当地生也就没多少希望拿 A——因为我们这些内地学生,通常都是"高分王"。港大有个海外大学交流项目,海外名校的交流机会也多数被内地同学包揽……所以会常听到当地学生说"又比啲 mainland 屈咗机"(被内地生占便宜了)。

现在,我已经回到内地工作。对港大的 3 年就学经历,我也曾扪心自问:后悔吗?不,我不后悔。我仍然认为,港大是一所好学校,但并不一定适合每位想去求学的内地同学。毕竟,香港的社会政治环境与内地差别很大,在很多观念做法不认同的情况下,初来乍到的内地同学是很难去融入适应的。

　　因此,当香港的名校频频甩出高额奖学金吸引内地省份的状元们报考时,在作出选择之前,我觉得状元们的确得仔细想一想:去港大,你真的做好足够的准备了吗?

本文发表于 2014 年 7 月 3 日

三年级的分水岭，我如此纠结 | 小 路

女儿今年三年级，是一个认真、内向、独立并且有着丰沛想象力的孩子。如果在另一个语境中评论的话，她又是一个胆小、散漫、固执且尚未被大人思路所束缚的孩子。

女儿出生后，我看了很多育儿书，也许是 70 后这一代从小做惯了"乖小囡"从而对"自由"特别渴望的缘故，我对女儿一直本着"理解"的态度。现在想起来，我的价值观对女儿后来的表现有着非常直接的影响。

一直到上小学前，我对自己这个育儿观念还是非常自信的，小学前，面对诸多"幼小衔接"的培训班，我们一个也没去过，我也没有给她教过识字、拼音、算术或英语。她感兴趣的是做实验、玩各种破玩具以及所有的户外活动。

第一个转折：幼升小"择校"

进小学，对于我这样的父母来说，只是后面漫漫长路的开始。

由于对口学校是所谓的"菜场小学"，我和女儿开始了懵懵懂懂的幼升小征战。别说女儿是"考试菜鸟"（她连一堂正规的课也没有上过），我们自己也是"菜鸟父母"，所以也就随大流既去考了上海北区著名的"XX 附小"，也去浦东与 3000 多大军参与了 9 年一贯制著名小学的考试。

记得当时看着女儿小小的圆滚滚的身体一个人挂着牌子找考试教室并且还要上机考试（她以前从未使用过计算机），隐隐觉得随着进小学后，"自由"也许是越来越奢侈的事情。在门口等她的时候，听到身边的父母在交流经验，越听越汗，普通的拼音学习、英语学习根本不算什么，思维训练正正经经学了 3 年的大有人在。"不然考什么考，考了也是白考。"有的家长说。

在面试环节，学校老师甚至和家长明说："如果父母之间没有一个能'全职'陪伴孩子学习，建议还是不要来读我们学校，吃不消的。"幼升小考了 4 所学校，最后双向选择了徐汇一所以艺术教育和快乐教育著称的私校，小学生活就这样开始了。

一年级一开学，立马就给颜色看了，由于不识字，考卷上的题目都看不懂，语文考试只考了六十几分。英语背诵也像是背天书一样，一字一字，光靠学校里每天一节课,回来自己根本完不成作业。

我大致了解了一下,现在入小学的默认识字量 500—800 字之间(1000 字以上绝不是少数),数学、英语程度因人而异,但像我们这样的"素人",全班大概只有 2、3 个。

无奈之下,决定语文由我自己来补课,英语请家教来教自然拼读。大约过了 2 个月,孩子逐渐适应了,全家人大松一口气。我们不求孩子对分数"锱铢必较",名列前茅,不是很多书上都说,"中游的孩子最幸福"……

照理说,我和他爸爸脑筋都不算糟,当年也都是名牌大学的所谓"高材生",从来没有为学习发过愁,想着女儿本来也就是学前学得少,填平了差距应该就没问题了。但谁知世道早就变了,我们小时候那种回到家半个钟头做完作业书本一扔到弄堂里找小伙伴玩的时代早就过去啦。

家长群里兜一圈,再淡定的父母,也都在暗暗地拼,搞得我后来都不愿意看群了。但除了一年级学了一阵自然拼读,我至今还没有让女儿补课,因为她的课余时间已经够少了,而我坚持认为一定要保证孩子足够的"玩乐"时间。

第二个转折:三年级来了!

由于坚持"自由"的念头作祟,一二年级除了一开始为了拉平入学差距而补了一阵以外,女儿的功课基本是自己搞定。我也一度引以为豪,虽然她的成绩不怎么样,但好在书包自己理,书皮自己包,功课自己做,实验自己做,仍然保持着幼童的单纯之心。虽然每天拖拖拉拉磕磕碰碰乱糟糟,但也保持着小小的进步。

一直到三年级来了。都说小学时期三年级最关键,学校里还专门开设了小学三年级家长讲座,老师再三关照:三年级不努力,小升初徒伤悲。

恰在女儿二升三之际,家里的小外甥刚刚经历了惨烈的中考。外甥初中就读于徐汇区数二数三的私校,成绩拔尖,竞赛成绩突出,一模考试考到全区三十多名,中考发挥一般,考了 603 分,由于之前保守签约,忍痛舍弃上中,进了交大附中。

以前我一直对我姐姐"压榨"外甥读书不以为然,整天题海战,小孩太可怜。但经过此次中考一役,才知道现实如此艰难!很多人听到这个话题,都不屑一顾,会说现在考大学不要太容易,还怕考不进大学?但其实如果你家真有考生,你就知道这当中的比例究竟是怎么一回事:

首先,请看一下这组数据:四大名校中,上中大学一本率始终保持在98%以上,交大附中、复旦附中、华师大二附中,也多在96%以上;剩下的第二档高中里,像复兴或进才高中这样的,一本率也在80%以上;再往下,向明、市三都只能在70%左右;而像一般区重点中学,一本率只有30%都不到!

可以说,进四校,眼睛闭着都能考一本;而如果进了普通的高中,从统计学上来说,别说复旦、交大,哪怕是财大、同济,都是很渺茫的事。

再来看看中考。为什么华育中学挤破头?因为中考环节上,华育进四校光是预录取一年就有140个,绝对是第一梯队;兰生一年预录取100个,第二梯队;第三梯队中,从西位到市北大约数十所初中,还颇有规模;除此以外进四校的也就只能以个位数来计算。至于普通初中,能考进四校基本就像中奖了。

所以真正的现实问题就来了,那就是怎么才能进一所好初中,从而让自己的孩子不至于早在12岁的时候,就几乎失去了受更好教育的可能。

我这才明白,为什么当我们在公园的草坪上放风筝的时候,别人家的孩子坐在学而思上奥数课;为什么我们家的孩子在家里忙进忙出做"无用的"实验时,别人家的孩子在拼命练琴掐准时间小学毕业前考出10级——因为除了压榨孩子的玩乐时间以外,还有什么好办法呢?

稍稍计算一下,从孩子出生到上初中总共只有12年,第一年还得吃奶,此后11年,有的人努力学习(就算人家是拔苗助长),你却"全面发展",等到12岁"一考定终身"拼证书拼知识拼成熟度的时候,别人家的孩子拔着拔着至少看起来"长了",而你发展着发展着却总还没来得及"全面",那该找谁去就找谁哭去吧!

我知道,有人会说,拔苗助长无异于饮鸩止渴,人的一生那么长,考不上大学怎么了,考个破大学人生就没指望了吗?再说,那些从小读书脑袋读傻的人见得多了。这话说的太对了,我原来就是这样想的。以前我也不屑于随大流,让孩子"全面发展"了八九年,然后只剩3年了,突然发现还是希望能找到一条既不让孩子读傻又尽量不去浪费时间读破大学的路。

第三个转折：纠结和释然

看清楚了这条残酷的道路以后,差不多有 3 周时间,我都处于极度焦虑和压力中。

女儿的成绩虽然在班上也不属于最差的,但在综合实力上显然没有什么竞争力:奥数还没开始,拉琴仅限于业余爱好,英语还是幼儿园级,加上一向散养惯了,缺乏好学生争当班干部的"上进心"。我家的娃到底怎样才能在小升初的道路上找到一席之地呢?

首先想到的是转国际班。身边不少朋友的孩子早的在三年级,晚的则在初中转了国际班,据说都是从地狱到天堂的经历。其中一个孩子的经历特别值得写出来。

他小学是在长宁区最好的公办小学读的,在学校附近租了房子,妈妈五年全职陪读,儿子也算听话努力,补课、奥数、竞赛、英语、钢琴五步曲按部就班,到五年级毕业时,获得奥数奖状若干,如愿进入华育,算是在小升初打赢一场硬仗。全家搬到中海瀛盘,儿子在华育继续埋头苦读,成绩中上,若不出意外,继续努力,考到上中不算意外。

直到有一天,他妈妈告诉我们,儿子从华育转学了,众人愕然。各种疑问扑面而来。如此千辛万苦考进去,怎么又撤了呢?

他妈妈告诉我,他们进了华育以后,每天作业做到 10 点钟,小孩没有一点点空余的时间,虽然成绩一直在中上,但是可以看得出来,儿子的状态不好。她经过痛苦的思考,经过对孩子的资质、特长以及状态的全面考量,全家人做出了似乎是"匪夷所思"的决定,转学到协和国际学校去了。

"所有人听了都会觉得很可惜,可是我的感受最真实,我儿子如今的成绩,不是他真实的状态和潜力,我不希望他在初中就被掏空了。所以突然有一天我想明白了这个问题,我决定让孩子转学。现在他的状态好极了。"他妈妈的话让人百感交集。

而国际学校也并不是如大家认为的"不用学习整天玩就可以了",尤其是到了高中以后,由于同样面临考学压力,学生也都需要寒窗苦读。但他们的教育体系、资源配比和目标都和国内不同,所以在小学到初中阶段,教育的侧重点不一样,学生需要强化的部分自然也就不同了。

但在仔细了解了国际班的条件和费用以后,我无奈地发现,我家的经济情况不足以让我们能负担她从小学开始的国际课程教育。所以"国际班道路"就此打住。

接下来就是"拼"的道路。我算了这样一笔时间账,奥数课一周 6 个小时,英语课一周 3 个小时,两门课家庭作业一周怎么也得 3 小时。就这样,一周一共 168 个小时,睡觉 70 小时,飞快吃饭 7 小时,上下学 7.5 小时,上学 40 小时,做校内作业 12 小时,练琴 7 小时,现在再加上课外补习 12 小时,路上来回怎么也得累计 3 小时吧。然后发现,小孩每周剩下的可供自己分配的"空闲"时间连 10 个小时都不到,其中还要不包括上厕所洗澡刷牙起床的时间。

有一天,我发现女儿边做作业边默默地流泪,我问她,你是不会做,还是不喜欢做。她摇头说,都不是,只是想想做完作业练完琴立即就要睡觉了,一分钟想做自己的事的时间都没有了,心里有点难过。我听了都要哭了。我觉得不论是天才也好,傻瓜也罢,有谁见过地球上哪一种生物如果连呼吸都要计算时间的话,还能健康成长的吗?

哎,这条路看来也走不通,我不是虎妈,也许是我自己懒,也许是我不够狠,但我仔细问自己,关键是压根不信! 孩子也许不懂,可是我们都是成年人了,我们自己在经历了那么多精神的磨难以后,真的还会相信靠这样训练出来的人,成年以后获得幸福的概率会比中大奖更高吗? 相信稍微有点理智的人都会得出答案。

在找不到出路,看不到前途的情况下,我不得不停止了向前思考,而转回头重新看看女儿成长的这些年,我们一家到底看重的是什么? 信奉自由是没错,快乐成长也没错,但是我真的都做到了吗? 或者说真的尽力了吗? 还是在为自己在孩子教育上的"偷懒"找借口呢?

家长能做些什么

现实的情况摆在那里,一来我没有雄心壮志改造社会,也没有实力挑战教育体系,二来我不忍心过分压榨孩子,违背常识拔苗助长;那么剩下的,只有如何加强家庭教育,自我加倍努力。

我仔细地读了女儿三年级语文、数学、英语课本,看了他们的周末卷以及各类试题,做出了以下的"计划",和广大家长交流与分享:

一、抓速度最重要。和不少孩子一样,我女儿动作慢。在一二年级的时候,我忽视了这一点,总认为孩子长大就会好了。但现实告诉我,等不及啊!三年级一到,功课量明显提高,如果能1.5个小时做完的作业,她做2.5小时,就是活生生少了1个小时,要知道对于一个小学生来说,1个小时的自由是多么宝贵啊!

因此我强烈建议不论何种情况,在孩子一二年级的时候,正确率都可以不管,必须把速度抓上去。而且,速度并不和"自由"相违背,速度也并不意味着所有的事都要匆匆忙忙。速度是自由下的规则,有了速度就有了时间,有了时间,才有一切的可能。

再以我外甥举例,我外甥做作业速度特别快。读到初三的时候,全班绝大多数同学都要做到晚上10:00以后,但他每天放学后现在学校做作业,抓紧时间一般在7:00左右就迅速做完,然后回家吃饭,晚上还有足够的时间看课外书或下楼打篮球。

二、智慧态度看刷题。应该说,虽然很多题目(答案)一如既往的僵化(尤其是语文),但是我决定一不抱怨制度,二不抱怨老师,而是通过仔细地梳理和理解,指引孩子更全面及触类旁通地理解"正确答案",决不轻视孩子的任何"幼稚"的疑问。

如此一来,一道题目就不仅是为了求一个正确答案,而是通过一道题,事半功倍尽可能地学出知识面,学出兴趣,学出探索精神。

例如我们做到关于黄山的阅读题时,我们不仅查阅了她所感兴趣的各种地质资料,还一起观看黄山风景片,甚至在假期安排去黄山旅游;做到数学的"简便计算"时,指引女儿把各种简便计算的方法归类,把自己容易出错的原因归类,这不仅让她能更快地完成作业,最要紧的是同时也真正地在做题的过程中,理解"数学"的意义;再例如在她拉琴的时候,我们不仅练习技术,还一起阅读作曲家的各种小故事等等。

回首自己的学习经历,我觉得"知其所以然"是最能激发学习兴趣的,不仅如此,日积月累会让你有意想不到的收获。

三、自由是自己给的。通过对孩子学习的思考,我也反思了自己思想中对于"自由"一词的偏狭认知。

任何一个时代,任何一个社会,任何一种制度,都有其"不自由"的一面。如果我们没有能力改变大环境,那么如何在小环境中真正帮助孩子去认识"自由",是父母最重要的功课。

我现在认为的"自由"是,首先是"理解",这理解,既是对历史现在的理解,也是对自身及外界的理解;其次是"勤劳",再自由的国度,也不可能躺着吃脖子里的馅饼;最后是"接纳",所谓接纳就是,我从我的智力、能力、心力方面都思考过了,尽力了,并真心地相信,那么不论现在怎样,未来怎样,都保持"接纳"的心态。

不得不说,通过这一个多月的实践,作为家长,我真的觉得很累。不仅是身体累,最主要的还是自己需要不断学习和反省的那种压力。社会环境我们不能改变,学校环境我们也不能改变,如果我们还不改变自己,那还能抱怨谁呢?最重要的是,不论结果如何,我觉得我没在浪费时间;不论我女儿以后到底能上哪个学校,至少在能力范围之内我已经尽力了。

我没有仅仅用"小升初"的目标来"压榨"孩子,而是以一个完整的健康的人的标准首先来要求自己。在这个过程中,我更多地去反省自己,克服自己的懒惰、虚伪和负面情绪。所以我写下了这篇文章,希望和各位父母共勉!

(图片来源:CFP)

本文发表于 2014 年 10 月 17 日

名校家长微信群里的"明争暗斗" | 玖 桂

孩子永远第一位

9 岁的贝贝在沪上一所知名民办小学读书。从 3 年前贝贝刚考进那所学校的暑假开始,贝贝妈就被拖进一个家长群,班主任随后受邀加入,这个群就等于转正了。

不少名校都明确要求,每个学生背后有一个主力家长,从吃喝拉撒到学业全程跟踪。早在被学校录取前的谈话中,贝贝妈就向学校承诺,自己会全职管教孩子,配合好学校一切工作。为此,她辞去外企市场部的工作,转型为全职太太,全副身心扑在儿子贝贝身上。

家长们在群内的接触愈发频繁,贝贝妈相继又被拖入三个不同的家长群。几年下来,不由得感叹,家长群简直是个能反映众生相的小社会,有时"很万能",有时也"很无奈"。

与幼儿园时期爷爷奶奶外公外婆相继加入的庞大家长群不同,贝贝所在的小学家长群里,只允许孩子们的爸爸妈妈加入。一加入班群,按要求在群内改好名字,如某某妈妈、某某某爸爸。

在和家长们的聊天中,贝贝妈发现,有不少和自己一样刚刚离开职场的全职太太,每天关心着孩子几点睡觉、几点起床、学校中午吃什么、晚上给孩子做什么菜、路上校车堵不堵等问题。

有位做财务的妈妈甚至把孩子一天的学习和生活做成了多功能 Excel 表格,张贴在孩子的书桌前,一方面提醒自己,一方面督促孩子。

家长们的"明争暗斗"

由于不受时间、空间的限制,家校群简化了老师与家长之间对接过程,也让家长圈的"明争暗斗"白热化。

比如,老师发出一个活动通知,家长们必定第一时间排队签到;

班级里的孩子在外面的活动中拿了奖,"老师辛苦了,孩子们真棒"这样的夸赞

语也必定被每个家长复制粘贴后排成一长溜顺下来,不露脸的家长会觉得不好意思;

老师发起给班级某个宝贝投票的活动,家长们不仅会争先恐后投票,还得把自己投票完毕的截屏发到群里,证明绝无虚言;

一旦老师委托家委会发起对某个活动的捐款,或者给班级写个锦旗、给老师写封感谢信等,家长们同样是不敢怠慢,单独领到任务的家长不仅会全力以赴,还深感荣幸。至于事毕后老师会不会说一句"谢谢",那得看老师的心情了。

此外,一些家长还时不时把小孩得到的奖励、完成的作业,或者写得工工整整的字发到群里,有的是老师点名让发进去做示范的,有的是为了和大家交流的,家长们通过对比了解到自家孩子的差距。当然,这样的交流也令部分家长感到焦虑。

家长群里,妈妈占据了大半江山,爸爸们多半是默默关注的"潜水党"。不过,爸爸们每次都会在关键时刻出场,赢得大家的注目。

比如,老师电脑里的文件被误删了、车挂档后再也不能起步了、要为班级运动会设计加油板/打印口号了……这种时候,必定有爸爸第一时间跳出来解围,总之各种资源物尽其用,只有抢着跳出来帮忙没有推脱的。

当然,如果不是老师发出的求助,能不能被这么及时响应,就要看求助家长在群里的人缘和能量了。总之,在家长群这个"小社会",颇能看尽世态炎凉。

八卦小群信息量大

家长们在群内聊天分享中,也会对学校某些事情或各种安排评头论足,这中间少不了各种吐槽。

因为班主任在群内不方便说,于是一些私交不错、时间充裕的妈妈们又拉起了各种小群,哪个班级可能是同级中的重点、学校对哪位名人爸爸发出警告、哪位同学上两个奥数班、哪位家长对孩子成绩抓得最紧、哪个家庭正在办美国移民手续等,各种消息足以让妈妈们打足鸡血。

也就是在妈妈们窃窃私语的小群里,贝贝妈才了解到,学校里竟然有各种藏龙卧虎的牛娃:一年级的牛娃参加三年级的奥数比赛,拿了全国第二;三年级的小姑娘英语口语流利,与到学校访问的外籍教育工作者侃侃而谈……谈到最后,妈妈们就开始商量该给孩子选什么样的奥数班、读什么样的英语辅导。

当然,也有一部分坚持让孩子拥有快乐童年的家长建起了自己的正能量群,群员们相约不盲目比较孩子,不窥探隐私,智慧抱团,让孩子自信自强。他们在交流分享各种教育心得的同时,还组织各种亲子户外活动、体育比赛和参观游览等。

提起班级正能量的时候,贝贝妈不无骄傲地说:"有次一位家长说家里老人突然发急病,需要到医院抢救。群里一位医生妈妈立马调动资源帮对方联系,为抢救赢得时间,那位老人保住了性命。"

在群内目睹整个过程的家长们都感慨万分,突然觉得拥有健康、珍惜生命才是根本。但几天一过,家长群里聊的热门话题依旧是永恒的——学习、学习、再学习!

(图片来源:CFP)

本文发表于 2015 年 7 月 8 日

揭秘沪上名校小升初面试 | 思 凡

3月底4月初,小学毕业生将迎来各大民办初中的面试。从最近这些年的情况看,每年中考,平均分前十名基本都是民办初中。如果以考进四大名校的人数排名来看,前十名的学校中,民办初中至少也占了七八席。

对于民办名初中,学生和家长自然趋之若鹜。而民办初中怎么才能进、到底考什么,也成为家长们最关心的。

拿到面试资格的四种途径

在谈民办初中的小升初考察内容之前,先说说如何才能拿到顶尖民办的面试资格。虽然各校情况有不同,但基本上都来自四种渠道:

第一种是裸投。所谓裸投,就是完全不认识学校里的人,完全是拿着简历去参加他们的海选。这类学生如果要想拿到面试通知,基本上对于小学出身、校内综合表现,包括成绩、职务、校外竞赛的证书的要求,总体是不会低的。

第二种是小五班。因为一些历史的原因,某些机构和名初中有一定的渊源。这些机构往往是一到四年级的生源极少,而五年级的生源会突然增加好几倍。答案很明显,这些生源多半都是为了来此学习并参加机构的考核,以期最后获得一张面试通知单。

这类机构特别适合那些学习自觉、综合成绩较好,但缺乏过硬证书的孩子。每年从所谓小五班里升入名牌民办初中的孩子,不在少数。

第三种就是其他培训机构了。沪上著名的奥数机构,基本都有一定的关系可以接触到民办初中的招生老师。而民办初中因为教委的规定,不能公开展开选拔考试——几年前,杨浦区某著名民办初中就是因为组织千人考,被教委点名批评了。这时候,和机构合作就是最好的选择。

于是各机构的"神秘考",应运而生。这些"神秘考"其实卷子并非来自该机构,而是来自各所初中,所以同一个机构的"神秘考"也不止一次。初中对机构的要求是,生源要控制一定的范围内,比如名初中会要求考试在所谓超常班、金牌班、创新班范围内进行;次一类的民办初中,可以将要求降低到尖子班、精英班等。

考完试之后,卷子直接由初中收走。如果考生也顺便投了该初中的简历,该初中就可以根据这次"神秘考"的成绩,来评估是否录取或者给面试单了。

最后一个来源,就是关系小学——主要是民办小学。这种基本都是靠民办小学和该初中的渊源,以及民办小学校长自己的人脉来决定。

举个简单的例子,徐汇区某九年制民办学校的初中部,每年都给大量名额给闵行区某外国语小学。录取方式很简单,就是初中出卷子直接到该小学进行考试,根据成绩划定分数线。这个分数线以上的孩子向该初中投简历,可以直接被录取。当然这种考试会被说成是校内的某次测验,也就是所谓的"飞行考试",以规避现行规定。

面试考什么

通过上述渠道冲击民办初中后,学生基本会分成三种情况:其一是无需面试即录取,其二是直接被淘汰。但最普遍的是第三种,就是离直接录取尚有差距,但又有一定竞争力的学生,他们需要在面试环节加把劲。对他们来说,面试考些啥就很关键了。

虽然各个学校的面试流程、内容有差别,但大体类似。以下列举几所名初中的面试内容,可以略知一二。

比如浦东张江集团中学,该校每年中考无论平均分,还是考进四大名校的人数,基本都名列大浦东第一名。该校的面试环节是这样的:小朋友根据姓名找到并进入需要面试的教室,老师会问你的名字,核对完后,会有一个粘纸——上面写着字母和数字代码,这代表了考生的编号。

人到了差不多后,活动就开始了。老师首先会介绍校园特色文化,然后会问:"我们今天是来干什么的?"这时候千万不能说是来面试的,一定要说"我们是来参加活动的!"如果考生这么说了,老师会发一份小礼物。

接下来是自我介绍,小朋友们一定要主动些,只要做了自我介绍就可以得到一份小礼物。紧接着,老师还会让小朋友们想队名和口号。英文的、举手发言的,也会得到小礼品。随后是 24 点比赛,老师自己写四个数字在黑板上,小朋友们举手抢答。

热身完毕,就是重头戏的语数外综合测评。这几门课都有一定内容是课外的,尤其是数学,不亚于一般比赛的初赛难度。而且,老师准备了不止一套卷子,所以不同教室、小组的卷子可能不一样。

语数外综合测评后,老师会发一些小食品,有些孩子不会当时吃,有些孩子则会当场吃掉。但这个不重要,重点是包装袋等垃圾,一定要放进附近的垃圾桶。如果随便放在桌子上或者地上,是一定会被扣分的。

吃完小食品后,会有一个类似知识问答这样的环节,对孩子知识面还是有一定要求的。最后还有团队游戏,比如合伙用吸管运送乒乓球等。结束之后,老师会统计小朋友们的礼品总数。根据名次会有相应的小奖品,比如校徽等。

也有一些其他中学的面试内容令人耳目一新,甚至感觉另类。比如,上宝中学去年面试的第一项竟然是体育,包括 200 米短跑、跳远、上下蹲等,让不少人颇为意外。如果第一项的体育不过关,其他项目需要非常出色,才能挽回一些印象分。

我个人很喜欢上宝的这项考试内容,因为说到底身体好才是真的好。如果每个中学都能加入这条考核标准,上海小学生的身体素质提高将不再是梦想。

前两年,嘉定民办华二中学(华师大二附中唯一的嫡系民办初中)的一些面试流程和内容,也有一些别出心裁之处。他们除了面试可能学过的知识外,还会面试完全陌生的内容。

比如他们会给五年级的孩子上一节八年级的物理课,即便是超前学习的孩子,也是不太可能学过的。通过一节课的学习,老师们会观察孩子们的课堂纪律、课堂效率,然后再出一份跟本课相关的卷子,看看孩子们的掌握程度。

这个成绩与老底无关,完全检验孩子们的课堂效率和吸收新知识的能力。这些行为习惯良好、新知识吸收能力强的孩子进入名牌初中之后,一般都会更为出色。这种方法可以淘汰掉一部分下苦功、死读书的孩子。

家长也要面试

小升初考试上,华育的家长面试值得一提。按理说,这些学生家长里面不乏亿万富翁或者公司高管,多半是坐在面试官的席位上,这次为了孩子,不得不成为被面试者,也算得上是一次新奇的经历。

在华育的面试日,家长和孩子会被分成两路接受面试。华育面试家长的主要内容,包括家长对教育的想法和理念,以及家庭本身是否和谐等内容。每年都有一定数量的孩子自身没问题,反而是家长没通过面试,导致孩子无法进入华育学习。

既要成绩好,又要素质高;不光考孩子,还得看家长,无论缺了哪一块,结果都不可能理想。小升初,确实是门"技术活"。

本文发表于 2014 年 3 月 19 日

沪上十大牛初中变迁史 | 思 凡

牛不牛看预录取率

一个初中好不好、牛不牛，向来有不同的尺度。比如，有人认为应该是重点率，因为普高的升学率极其低，参加评比没有意义；也有人认为是平均分，这才能说明这个学校的整体实力；还有人认为是市重点率，因为很多区重点的升学率也很普通。

本文的比较与上述标准有所不同，因为既然在全市范围内谈这个"牛"字，唯一的标准就是四校人数，而且是四校预录取人数。因为四校基本都有类似规定，预录取的才能进所谓的实验班，裸考（靠中考分数进去的——基本四校的分数线都在600左右甚至更多）基本只能进平行班。而四校的理科班、科技班们的升学率，远高于平行班。

上海中学去年北大清华预录取了69人，而光两个所谓特色班（科技班和理科班）就占了32个人。即使高三减去了一个出国班，参加高考的也还有9个班。

十大初中牛校的变迁

不妨看看2013年预录取进入四校总人数最多的十大著名初中牛校是哪些：

华育中学140人、兰生复旦99人、市北初级63人、上宝中学46人、进华中学39人、世外中学39人、新华初级38人、张江集团学校29人、复旦二附中25人、立达中学24人。这里面只有市北初级、世外、新华初级和立达，同四校基本没什么关系。进华以前和华师大二附中有一些合作关系，现在已经没关系了，其他五所则是上中和复旦附中的嫡系部队。

其中，华师大二附中和交大附中的嫡系部队，都属于刚刚有毕业生或者尚无毕业生的阶段，还无法排入前十名。也许五年后重新写这篇文章，名次又会完全不同。

作为对比，让我们来看看2009年的数据。之所以选择2009年，是因为2013届中考的孩子们正是2009年进入这些知名初中的。那时候这些初中是什么情况？

笔者查询发现,2009年四校预录取前十名的分别是华育74人、进华49人、兰生37人、世外37人、立达32人、新华初32人、市北31人、上宝29人、延安初级28人、西南位育24人。

与2013年的数据相比,可以看出几个问题:

一、虽然进四校人数的排名第十的都是24人,但是前三名的人数已经不可同日而语,前十的总人数亦相差甚远。2009年前十名四校预录总数为353人,为总招生人数一半略多一点点,仅仅是五成,而2014年前十名的四校人数高达542人。

要知道,2013年取消了名额分配,四校预录取总人数大致为800人,也就是这些初中被录取的人数占整体预录取招生人数将近七成,而全市其他几百个初中的总和加起来,还不到这十所初中的一半。

二、仅仅四年而已,前十名就已经出现很大变动。延安初级(东延安)和西南位育退出十强,张江和复旦二附中晋身"新贵"。其他八所学校的名次变化也很大,比如世外的37人在2009年还并列全市第三,到了2013年39人就变成了并列第五名。而上宝在2009年位居第八,2013年闯到了第四名。

为何有如此变化?

这里面的原因,主要是相应政策的变化导致的两极分化,另外就是各学校本身的调整了。在这里可以挑几个经典的说一下:

【上宝中学】

上宝中学是2002年上海中学设置在七宝的初中基地,该校从设立之初就以严格筛选生源而著名,宁缺毋滥,即使是条子生。

前两年,有人托关系到了区委某秘书处,秘书处有关人士当场打电话给上宝中学校长,说明情况后要求进入该校学习,没想到被当场拒绝。原因是被推荐的学生成绩虽然不算很差,但不符合上宝的标准。后来该秘书亲自赶往上宝中学校长室,软磨硬泡后也只拿到了一个借读指标。借读意味着该生在上宝没有学籍,只是在这里听课,正式中考时候必须回到原学籍进行考试,这样也就不影响上宝的平均分。

其实上宝创立之初,前几届毕业生成绩也不尽如人意,比如2006年第一届毕业生在闵行区排不到第一,平均分在徐汇区排到第五。而且受制于招生政策,上宝中学的绝大多数生源只能放在基础教育相对落后的闵行。在扩招前,6个班只能有一个班在外区招生;扩招后8个班中,也只有1.5—2个班在外区招生。

但就是靠着严格挑选生源以及上中系特有的教学模式,一年一年进步。2009年,上宝已经进入全市前十,2013年中考平均分已经名列上海第二。

【复旦二附中】

再看看另外一个新贵:复旦二附中。复旦二附中今年可谓进步迅速,在2013年的预录取十强中,该校是除了市北初级之外唯一的公办。去年该校在预录取重量级竞赛之一的科普英语项目上,全面压倒兰生复旦。

复旦二附中并非普通公办,他们没有地段生,而是以复旦子弟为主。四五年前,它还是所默默无名的学校。最近一两年,复旦二附中在新知杯数学竞赛、科普英语、四校预录取等关键指标上突飞猛进。

以笔者所知,复旦二附中的进步主要体现在两点:

一是若干年前,该校除了复旦子弟之外,也开始招收部分"牛娃"。复旦子弟的小学基本在复旦附小读,但在复旦二附中2013年预录取四校的25人中,除了四人小学出身不明,另外21人中只有8人来自复旦附小。在这21人中,有5人是小学阶段就拿到奥数市一级证书的,能拿到这一证书的全市只不过几百人而已;另外十几个人中,也拿到了奥数区一级奖状或英语奖状。

应该说,这些孩子早在当年小学毕业之时,已"声名赫赫"。这部分"牛娃"起到的作用甚至大于鲶鱼效应,被戏称为陪太子读书的天才们(太子就是指各位复旦子弟)。

二来,复旦二附中的教学近几年来也改革了很多。从若干年前,他们开始了分层教育,从初二、初三开始设置虚拟班,对一部分尖子生进行分开授课,教授部分高难度或者竞赛类的知识,起到了很好的作用。

【西南位育】

谈了两个进步奖,我们也看一个有所退步的初中:西南位育中学初中部。

这所学校在徐汇区乃至上海市,都曾声名显赫。在2007年之前,多次中考平均分在徐汇区力压世外和华育,排列区中考第一。但从 2010 年开始,西南位育的中考平均分以及四校预录取人数的排名每况愈下。

对此笔者认为有两个原因。2013 年的预录取这群孩子是 2009 年入学的,他们参考的是 2008 年中考成绩。2008 年徐汇区的情况,是华育已经彻底坐稳了区老大的位置,四校预录取以及裸考分数都全面压倒西南位育。即使西南位育在控制条子生的程度上没有松劲,但是能够挑选的尖子生以及最终选择他们的尖子生的人数都在变少,这直接导致西南位育生源水平下降。

其次是西南位育近五六年加强了他们高中的教学,同时因为直升的问题,不但不鼓励初中学生参加各种新知杯、科普英语等高含金量的竞赛,而且有消息说连学生在校内的年级名次也不开证明。

但与此同时,世外、上宝、华育等学校却大张旗鼓地鼓励学生们参加各种竞赛,并且校内开辟了各门功课以及各类分层辅导班。两相对比,导致了西南位育初中毕业生在市场上的竞争力下降。但有意思的是,其高中最近两年的成绩,和五六年前相比,确实有所进步。

【华育 & 市北】

最后说说华育和市北两校。这两个学校有个特点,即 2013 年四校预录取人数都是 2009 年的两倍左右,而且原因也比较简单——扩招。

华育 2009 届只有 6 个毕业班,到了 2013 年时已经有了 8 个毕业班,但是四校率,请注意这里不是总人数,而是百分比,竟然还有上升。这里一则说明选择生源的时候并未因为扩招而降低要求,二来说明华育的教育确实有一套。

市北则是 2013 年第一届毕业了两个理科班,除了之前的那个全市赫赫有名的理科班之外(可以说是上海滩第一班也不为过),又开辟了一个本区理科班。但是生源只能被限制在闸北本区招生,限制不小。从小学毕业生的数学竞赛获奖情况来看,虽然闸北各个公办小学奥数抓得非常厉害,但只在一个区范围内择生源,毕竟平均水平有限。即使如此,本区班的四校人数也大概等于外区班的三分之二,可以说市北理科班的师资是非常强大的。

插一个花絮,很多孩子小学毕业进入市北理科班可能会有点小吃惊,因为他们数学课是不用教委制定教材,而是用自己编写的讲义来上课的。

　　分析了十大牛初中 4 年前后的对比情况,笔者对正在或即将择校的同学和家长一个建议,就是择校不但要看最近一两年的成绩,最好也要看看四五年前的成绩,看看趋势如何。

　　选择一个下降通道中的学校,4 年后如果中考成绩不好,后悔是一定的。若选择上升通道中的学校,不但小升初门槛低易进(上宝等学校四五年前择生源方面的门槛,一定是低于西南位育和延安初级中学理科班的),而且 4 年后还能笑着拿到名高中的录取通知。

(图片来源:CFP)

本文发表于 2014 年 5 月 8 日

沪上名校的那些"奇葩"面试题 | 思 凡

幼升小的"奇葩"题

先看看幼升小方面,除了某外国语小学的传统节目:冰红茶外,另一种"奇葩"面试题目,是今年另外一所外国语类小学的家长面试。

这个面试不是一对一面试,而是几十个家长群面,面试题目是"说说你家孩子的优点"。好吧,如果当时你在现场,你会发现诺贝尔奖的 90% 获奖者都应该在中国。部分家长为了给孩子增加分数,几乎是用尽一切赞美之词,足以令一些低调的家长面红耳赤、哑口无言。

中国的教育在最近几十年,特别是最近的十几年,几乎是 180 度的转弯。过去家长以批评为主,嘴里都是"别人家的孩子"怎么好;今天无数的家长彻底反过来,无论事情正确错误,挂在嘴上的永远是"宝贝,你是最棒的"。从棒杀到捧杀,完全翻了个个儿。窃以为过犹不及,吹捧还是要注意尺度。

想破头的"口奥""头奥"

再来看看小升初的面试。小升初方面最著名的,要数某外语特色附中的口奥了。

由于教委严打奥数,不允许各学校收取奥数证书以及考奥数题,近年来尤其严厉严格。但是,这样和市场规律不太符合的政策会催发报复性反弹(类似于房产调控一样,没有调控到点子上,反而越调越高)。既然笔试不能举行,而面试是必须的,所以就面试奥数——不准打草稿,直接口答。

下面我们来几题,各位不妨口头试试看:

1. 将 120 立方厘米的水倒入一个长 5 cm,宽 4 cm 的容器后,水深(　　　)cm?

2. 73 根火柴依次排成正方形,能放(　　　)个正方形?

3. 有 23 个人,他们的编号是 1—23,主持人从中抽取一些号码,2 人编号之和为 20 的就为一对"partner",主持人至少抽取(　　　)人,才能保证有一对"partner"?

4. 一人和一辆邮递车同时从 A 地出发到 B 地,途中人被邮递车从背后追上了

6 次(不包括 A、B 两地),人的速度是 3 米/秒,邮递车的最大速度是(　　　)?

这是上个月刚刚面试的诸多口奥题中的第 7 套,我相信读者中不乏硕士甚至博士,大家可以试试看在平均一题一分钟左右的时间内,不动纸和笔做做看。要知道,接受这一考试的,是一群 11 岁左右的孩子。

口奥前几年上海滩只有这一家学校采用,但最近两年口奥已经越来越热门和流行,采用这一面试手法的已经越来越多了。可以预见,除了笔试奥数之外,未来孩子们的周末会再次加上一门口奥课。现在,市面上已经有大量机构增开了口奥这门课程,而某奥数机构的股价最近 1 年几乎翻了倍。

另外一类比较有意思的面试题是头脑奥林匹克,简称"头奥"。比如浦东交中初级中学近几年就考了不少,去年的一题是这样的:用橡皮和铅笔制定一个时间规则,一个小组两个人,要求是不准写下来。5 分钟以后老师把其中一人叫过来,告诉他一个时间比如下午 3∶13,这个人想办法用铅笔和橡皮摆放,另外一个人来说出时间,看是否能准确地说出指定的时间。

再比如用几只笔搭一个杠杆,并进行距离测量等。交中最经典的题目是画一个房、树、人的图画。内行人都懂,这个是 2006 年 10 月 10 日世界精神卫生日当天推出的心理测试题目。

综合类常识题

最后一类属于综合类的题目,这些题目不是上文说的类型,也不是传统语数外的类型,而是各种常识性问题。比如幼升小面试题里,会列出高铁、高级轿车等几种交通工具,问哪种交通工具更快。小升初的常识类的题目就更多了,比如状元之后的第二名和第三名分别怎么称呼? 诗仙、诗圣、诗鬼各是谁? 名落孙山里面孙山指的是什么? 等等。

上海实验学校每年的小升初题目也很有特色,比如今年开头就是让你拿着一张藏宝图去校园内在 20 分钟内找到 6 个藏宝点,然后盖上戳;之后的考试中还有凯撒密码这种题目,考察字母的偏移量的问题。

幼升小、小升初面试的题型近几年变化已经很多了,难度也同样增加了许多。比如上文说的某中学对五年级孩子的英语听力面试题,已达到上海高考的难度。这样一来,家长和小朋友们的压力也更大了,前几年在家里学一下然后就"裸考"进入名校的概率将会越来越小。

在可预见的将来,家长们的钱袋子和小朋友们的玩乐时间,恐怕都会再次瘦身。

(图片来源:CFP)

本文发表于 2014 年 6 月 3 日

为什么要让孩子学琴，你想过吗？ 小　路

学琴之前，该先学点别的

我从来没有觉得是个琴童，现在我也没有觉得自己是一个琴童的妈妈。

可以说，我是比较早的那批"琴童"。4 岁学音乐基础，5 岁学琴，6 岁开始每周固定到音乐学院的老师家里上课。那个时候，一节课 5 元钱。8 岁上音乐学院附小的课余班，9 岁考上音乐学院附小，一路读到大学毕业。这是 20 世纪 80 年代的事情。

我的人生几乎就是从汾阳路开始，一直到成年。兜兜转转，一直在以音乐学院为中心的圈子里，几乎所有的同学，都是幼年时学琴就认识的。一直到现在三十多岁，自己有了孩子，当年同学们的孩子也大多在学琴。

但是，在郎朗成名之前，或者说在郎朗的爸爸出名之前，我从来没有觉得"琴童"这个称谓有什么特殊的，至今我都认为有些事情是被夸大了，包括"琴童"的这种说法，多少有点没见过世面的小家子气。

其实学琴本身是一件再自然不过的事情。就像每一个孩子都有绘画敏感期、诗歌敏感期、数学敏感期或园艺敏感期一样。不同的只是，乐器演奏对于人的生理训练要求比较高。在所有的艺术门类中（甚至包括所有的行业中），只有乐器演奏方面的专家其平均开始学习的时间多在学前。因为有些技能训练超过了一定的年龄，就很难再练成。

当然也有例外，比如傅聪，他是从 10 岁才开始学习钢琴演奏的。与此同时，音乐也是最抽象的艺术门类，我们无法像学习绘画、文学、雕塑等一样，从自然界中找到明确的对应物，这也让音乐学习显得较为枯燥。

当然这些道理，对于孩子来说，也许难了一点。但对于大人来说，理解起来一点也不困难。

因此，那些把"琴童"及学琴的过程妖魔化的成人，那些因为孩子学琴把自己以及整个家庭搞得一团糟的人，几乎都来自对音乐、对生活、对艺术没有基本常识的人——他们在学琴之前，也许还应该先学点别的，因为他们不理解音乐，不理解生活。学琴只会把自己的孩子以及自己都毁了。

曾经有个人,辗转通过一些关系找到我,当时她在我们家附近的居委会工作。善良老实的她,在女儿练琴的时候凶猛得像只野兽,她把家里的房子卖了,每周到"负责招生"的老师家上 500 元一小时的考前辅导课。即便如此,她的女儿也已经连续 3 年都没能考上音乐学院附中。

她一脸焦虑,一心想从我这里打听哪个老师在招生的过程中更有权力。

除了女儿的琴声,她一辈子也没有好好听过一次音乐。我没法告诉她,放弃吧。因为我知道我说了她也不会听。这样的人,花了那么大代价,想的无非还是有朝一日能"不劳而获"。而学琴不过是她受人蛊惑所误认为的"捷径"而已,和练某些功没什么差别。

学琴的枯燥与苦恼

不可否认,学习音乐或练琴是一件漫长而艰辛的事。我身边的同学全都和我一样:一年 365 天每天都是 3—5 小时的训练,年中无休;听着各种前辈练琴练到汗水滴穿地板的故事;手指头的老茧结了一层又一层;整个童年,经常在父母"如果你真的不想练就把琴砸了"的"威胁"中,一次一次问自己是不是还要坚持。

从我 5 岁开始,我妈妈就成了我的专职陪练和专职背琴师。

晚上,邻居家的电视机里开始上演各路肥皂剧,小孩子跑进跑出喝汽水、玩"好人坏人"的游戏,阿姨妈妈们洗好碗把躺椅拿出来乘风凉讲闲话。妈妈把门掩上,电风扇朝着我,她坐在我对面,从柜子里掏出一包话梅,倒在瓶盖里,数了 10 颗出来。我开始练习弹琵琶,练 5 遍可以吃一颗话梅。

妈妈拿着谱子,有时候我看到她的眼睛快要闭上了,但她绝不会真的闭上,稍有差错,她就会让我停下。好多次,我弹着弹着就睡着了,妈妈会把我叫醒,她的眼神欲言又止。但最终,我还是要把当天的"任务"完成,一遍也不能少。

这是我童年时最常见的场景,当时房间里的气味、温度,妈妈坐着的姿势、呼吸的频率,以及屋外的各种嘈杂声音所共同组成的场景,都让我永生难忘。

对于漫长的习琴道路而言,所谓的日复一日的机械地勤学苦练实在算不了什么,尤其是如果你有一个像我妈妈那样的善解人意又极具毅力的"好陪练"的话。而在这个过程中,最难得莫过于逐渐长大的自己在面对更广阔的世界时,对于"花了那么多时间去练琴到底值得不值得"的纠结和追问。

在我的同学里,几乎每一个人都经历过这样的痛苦——虽然,当我们幸运地考进了音乐附小后,幸运地被人称为"未来的音乐家"时,我们似乎不再拥有这样的选择权。

记得那是附小考附中之前,有一天我和一个同学一起回家。在路上,我们谈到未来时,她问我,如果你考不进附中怎么办,我默默地不作声。她说,如果我考不进,我就只好自杀。那时我们都是 13 岁。

在这里,我有必要介绍一下神秘的音乐附小是怎么一回事。附小是从 4 年级开始招生,我们当时进校以后,每个人都有自己的琴房,每天大约有半天时间专门用来练琴,此外还有合唱课、合奏课以及各类重奏小组课。因此可以用来上文化课的时间很少。

因此,如果我们不能顺利考进附中,几乎就只能到很一般的中学里去,从一个众人羡慕的"未来的音乐家"变成一个没有很好地学过文化课的"半文盲",并到"垃圾中学"里开始新的生活。这对于当时年幼的我们来说,是一件非常可怕的事情,对于父母来说,似乎也是一件"有辱家门"的事。

在很长的时间里,我都为自己这种不能有所选择的"命运"而感到忧郁,甚至偷偷地"恨"过自己的父母。尤其是当我进入青春期后,对于自由和选择有了进一步的渴望以后,更是一度对自己这种自幼注定的"命运"感到深深的悲哀。

进入附中后,这种煎熬越来越明显:外面的世界越来越大,而我们因为不得不将大量的时间花费在练琴上,与同年龄的人的差异越来越大。随着成为"音乐家"理想的逐渐破灭,我们对自己的未来也越来越忧心忡忡。我们没有更多的时间学习数理化,"除了拉琴什么都不会"变成一句口头禅——这是一个专业学习音乐的少年人"优越的自夸",同时也是一种"无望的自卑"。

我们只能考音乐学院——不然我们还能去哪里呢?还能干吗?在这个过程中,也有个别人没有考进附中,或附中考大学时没有考进音乐学院。当时,我们都觉得那是"世界末日",这个人一定是完了。我们都这样想。

学琴能带来什么？

这些都过去了。事实上，所有真正练过琴的人，在他成年后，从来不会恨练琴——我们每一个人都曾恨过，但最终还是爱。所有真正练过琴的人，只会后悔自己当年没有更努力。因为练琴带给一个人的财富，是一生都享用不尽的。

首先是"有志者事竟成"的信心。音乐的基础练习过程是漫长的，一般来说，从四五岁开始，最少也要一直持续到成年。从技术到艺术，它的进展永无止境。我们都有过无数次为了一个音或一个小节"练 10 遍练不好那就练 100 遍，练 1 个小时练不好那就练 10 小时"的经验。

对此，我可以武断地说，无论天赋高低（除非特殊的音盲患者），只要方法得当下苦功有恒心，都能达到比较专业的水平。因此，在成年后进入任何一个工作岗位，我们可以看到，真正练过琴的人从来不怕吃苦，因为他从心底相信没有一件伟大的事情会"从天而降"，每一个成功的背后必然有着无数的付出。并且，在他遇到看似无法逾越的困难时，会知道"方法、坚持以及苦练"的意义。

这种体会不是成人的自我催眠或心灵鸡汤，而是一种从童年时就开始的切肤之感，是一种融入到血液里的信念。

第二就是敏锐的感受力。这个东西听起来好像也很虚无缥缈，但是如果你练过琴，就会知道一个人的自我的身体、手指细部的知觉、感官的体验、与乐谱对应的音响的完成以及来自于听众的反馈这几件事情，是如何训练真正的演奏者的。

音乐不是"从天而降"的，而且和所有的艺术门类不同的是，音乐没有与自然界和任何语意的对应性（还有一种是诗歌），因此所有的音乐演奏都是动态的即兴创作的过程，这需要极强的协调性和感受力。另一种可以与此相提并论的也许就是"网球"这一类非常精细化的对抗性体育运动。

这些都是生活逐渐给到我们的答案，是一点点展现在我们人生历程中的。差不多一直到 30 岁，我才慢慢明白，那些在年少时候以为"音乐之路"太窄的担忧，只不过是"青春期症候群"的一种。当我真正长大，可以面对更广阔的世界的时候，我可以说，这个世界上，没有一样东西可以像真正学习音乐那样带给人如此丰富的收获。只是她犹如人生中一份珍贵的礼物,可遇而不可求。

学琴出来做什么?

30 年后,如果做一个粗略的统计,我认识的上下三届从附小一路到大学毕业的同学中(总数在 200 人左右),功成名就真正成为通俗意义上的"音乐家"的,只有两三名。他们在媒体上频频曝光,在世界各地巡回演出,接受着众人的掌声和瞩目。

此外,从事专业的音乐工作的大约是 50%,他们通常在国内比较著名的交响乐团(民族乐团)或国外中流的乐团里担任乐手,或是在音乐学院里或其他一些学校的音乐系从事教学工作;然后还有 40% 左右从事着音乐或艺术相关工作,例如媒体、出版机构、艺术经纪等;另外还有 10% 左右从事着可能和音乐完全无关的职业。

这条路窄吗? 我没法说。因为我不知道这个世界上有什么事情是可以不劳而获的。

因此,当你真正了解什么是音乐,真正地思考你的孩子为什么要练琴的时候,接下去对于是否选择音乐作为人生道路就是另一个话题了;但你一定可以理解我一开始说的,那些变态的琴童及恐怖的习琴过程是多么地不值一提,那种把自己和家庭生活搞得一团乱麻是多么愚蠢。

因为,即使是从世俗的角度来说,如今的孩子真要走琴童之路的代价也不低:以小提琴为例,每周学琴至少 400 元,一年就是 2 万元左右,10 年 20 万。再加上考学补课,一般是在 30 万—50 万之间。当然还少不了琴谱、买琴什么的,60 万—70 万花销下去还只是入门。如果要出国,买一把 150 万的琴,也不过只是进圈子的敲门砖。

坦率地说,这种盲目的学琴之路既不能带来世俗意义上的成功(成功概率也许还不如买彩票),也不能创造任何精神上的价值。它就像一种邪恶的病毒,让人毁灭却还自以为"因着艺术的名义"。

(图片来源:CFP)

本文发表于 2014 年 7 月 12 日

家长来信:我为什么坚持散漫教育观 言无序

现实生活中,这样的一幕幕不断上演:父母逼着孩子学这样,学那样,上完这个补习班,又上那个兴趣班,孩子很辛苦,父母们却是以爱的名义做这些——"都是为了你好!"为此,我们训斥着孩子们不认真听课,数落着他们不认真作业,责怪他们成绩上不去……

其实很多家长不曾真心去了解孩子,家长们要的只有一个:成绩!美其名曰:不输在起跑线上。可是,人生是一个长跑啊,谈何起跑线?

我的散漫教养观

近几年身边有不少同学和朋友移民国外,让我们有机会彼此交流一些体会。

我一个移民加拿大的朋友说,他们孩子的成绩单,主要由三方面组成:三分之一的学习成绩、三分之一的兴趣爱好、三分之一的体育成绩。

兴趣爱好是让孩子根据自己的爱好,积极投入学习,需要展示你的汇报总结,大部分的孩子会选择绘画、乐器、舞蹈等。而体育能保证孩子们有强壮的身体,拥有健康才能拥有未来。一般每个学校都有足球场、篮球场、棒球场,而且这些场地全免费,这为孩子们参加体育运动提供了一个非常好的环境。

我很赞同这样的理念。所以从小学开始,我们就是按照这样的标准来要求孩子的。首先,你学习一定要认真,每天的作业一定要按时完成,剩余的时间,你想看什么书就看什么书,你想干什么就干什么。

整个小学阶段,我们几乎没有在外面补过语数外等课程,而是根据孩子的自己选择,参加了很多兴趣体育的课程,比如游泳、跆拳道、钢琴、国画班……只要是孩子提出想尝试,我们都会支持她。

所以事实的情况是:我女儿的成绩在班上一直是中等偏下,就算她把学校的功课全搞清楚,依旧没办法和那些校内校外齐头并进、超速提前学习甩出同龄人好几条街的牛娃们比。但是她学会了弹钢琴(尽管从来不考级);学习了国画书法(还是不考级);学会了骑自行车,11岁就参加了30公里自行车赛;学会了游泳,代表学校参加了游泳比赛;学校运动会的时候,获得了一个全年级组第一名;甚至她还学会了自己做饭和烘焙,最起码拥有了最基本的生活技能。

每次去开家长会,我都是一个散漫家长的代表,因为我们对于学习成绩没有那么重视,完全不是按照套路出牌的人。关于未来,我承认自己的孩子不是学霸,上海的四大金刚、八大罗汉的名校可能和我们无缘,我们只希望她尽自己所能考上一个合适的高中或者大学。

在一个周边都是打着鸡血的主流家长群里,坚守这样顺其自然的观点,这需要多大的心理承受能力啊!

尊重孩子的尊严价值

我一直在思考一个问题:家庭教育给孩子最大的价值是什么? 是考了高分,进了名校,领着高薪? 都不是,我认为最重要的任务是培养孩子的健康人格。

上海某小学曾对五年级 150 多名学生进行调查,当回答"人失去生命后,是不是可以重新获得"时,一半学生的答案是"不肯定"或者"可以重新再活"。这些答案多数来源于神怪小说或虚幻电影,有的学生甚至认为,死了就是没血了,补补血就可以活了——这暴露出孩子的生命知识,有多大的"盲区"和误区啊。

试想,如果一个孩子缺少对生命的认知(一遇挫折就产生轻生的念头),没有梦想的能力(自己将来想做什么都不知道),不懂得保护自己(轻易就跟陌生人走了),无法与别人共享(一切以自我为中心)……那么即使孩子门门功课考第一,又能怎么样呢?

我女儿进入中学后,每天 6:40 出门上课,18:00 到家,回到家后,除去做作业、吃晚饭、洗漱等时间,她每天能和我交流的时间,不超过一小时(这还要保证我自己不加班不出差,每天准时回家的基础上)。在这一小时的时间里,我完全不需要再给她加作业,也不需要"晓之以理、动之以情"的教导,我要做的就是完全的关心她、尊重她、拥抱她,无条件的支持她,让她知道碰到任何困惑、难受、委屈,或者想不通的事情、化解不了的情绪,父母和家永远是她最坚强的港湾和后盾。

这个焦虑的社会,无论成年人还是孩子,压力无法回避,要让大人和孩子都得学会面对压力,理性地表达情绪。我相信,唯有尊重孩子的尊严、价值,信任孩子内在的自我成长动力和能力,才能帮助孩子建立起直面压力的勇气和智慧。

家长到底该给予孩子什么

让孩子拥有好的生活习惯、人格修养,懂得做人、懂得成功的真正含义很重要。还有要教育孩子树立乐观向上的心态;教育孩子懂得感恩,懂得宽容;培养孩子直面挫折的勇气;让孩子学会自我保护;让孩子敢于有梦想;帮助孩子正确认识自我等等。这些好习惯的培养,会影响孩子们的一生,也许这才是我们家长应该重视的教育。

譬如加拿大安大略省,在小学阶段主要注重孩子学习习惯的培养,根据以下指标给孩子打分:

A,责任心。看学生对自己的行为和语言是否负有责任,有些孩子对考试无所谓,在学业上没有太大的目标,这就说明对自己没有责任心。

B,组织能力。小到课桌书包是否摆放整齐,大到发动活动,是否有计划做好准备。

C,独立工作能力。看家庭作业是否在没有老师、同学的帮助下个人独立完成,作业是否按时交。

D,团队合作。从小培养学生的 team work,比如手工课、实验课,一个孩子是无法完成的,经常是几个人一起合作,在这个过程中培养学生的团队精神。

E,主观能动性。是否在课堂上主动提问,自学能力如何,不明白的会不会下课和老师交流,对于老师讲解的课堂内容能否有自我的观点和见解。

F,自我控制能力。会不会在老师讲课过程中玩 iPad,上课时会不会经常挪桌子、上厕所,会不会经常开小差、与周围同学讲话,注意力集中的时间长短等。

孩子就像池塘里的荷花,每当夏天来临,微风里,一朵有一朵的姿势,一朵有一朵的形态。有盛放的灿烂,有半开的娇羞,有含苞的稚嫩,正是因为有了这错落有致的开放,才有别样的风景。我们不能因为这朵花开得慢,而去用力把它掰开,甚至不惜施加各种肥料,希望它成为最大最美的一朵。

(图片来源:CFP)

本文发表于 2015 年 11 月 3 日

我在毛坦厂中学复读那一年 | UC

又到了 2015 年高考,毛坦厂中学又一次成为了大家热议的话题。作为一个曾经在那里复读过一年的人,我真的很想给大家说说这个传说中的"魔鬼"学校和我认识的一些人和事。

可以说,毛坦厂那一年,对我的现在影响巨大,使我的生活发生了天翻地覆的变化。

初识毛坦厂中学

我家是安徽合肥的,一直以来我都是一个比较懒散的人,第一次高考之前完全没有任何紧迫感,高考前一天还在看小说,没有考好也在意料之中。

成绩单下来,我的成绩只比二本线高了十几分,也填不了什么好学校。所以第二天就决定要复读,那时决心很大,也没想那么多,看到有同学去毛坦厂报了名,就也赶过去匆匆交钱报名。

去之前,我对这个学校没多少了解,就知道是个很严的学校,觉得对我这样自制力不强的人比较有好处。去了之后,我才开始慢慢了解这所外人眼中的"高考工厂"。

毛坦厂中学位于大别山区的一个山间小镇里,这里四面环山,风景很好,也很闭塞。

说白了,这里其实就是一个普通的农村高中,只是因为名气大了,所以吸引了全省各地的学生来到这里。所以,毛坦厂算是汇集了安徽全省各个地方的人,一个班里有农村的,也有城市的,大家的背景都不相同。

来这里复读的,大多数都是原来成绩不太好的学生,我当时只比二本线高了十几分,但进班的成绩居然还是第一。这个第一,后来却给我复读的一年带来了很大的痛苦。

进班的时候一个班有 140 多人,听说人多的班有 160 人左右。教室很大,但是人那么多,坐的也很挤,每个人就一个小小的桌子,前后桌的距离很小。后来大家就常常因为座位吵架,教室大、学生多,老师上课还要带着扩音器说话。

刚进校的时候,我夸下海口,和妈妈说坚决不要她陪读,可是到校的第一天晚上我就崩溃了。

七月正是高温天。寝室在一楼,一个寝室十个床铺,上下铺,每个人只有一个勉强放几件衣服的小柜子。寝室有厕所,但是不能洗澡,也没有热水,学校里也没有澡堂。这也就意味着夏天不能洗澡,我忍了一天,但是两三天下来就受不了了。就嚷着让妈妈来陪读,妈妈过了两天来租了房子,所以我比那些住在寝室的同学还是住的安逸很多。

我租的房子是房东为了多赚钱加盖的,用搭临时建筑工棚的材料盖成,有厕所、能洗澡,10多平米放两张床,一学期不包水电费4800元,一年就差不多一万。所以这里镇上居民大多都靠房子发了财,家家都有十几间房出租。

我当时租房的时候想着有卫生间、能洗澡就很好,但是我们那个房子的材料很不隔音,所以中午回去睡觉经常被吵醒。尤其是来毛中复读的人什么都有,有些人很热情、纯朴,但有的时候就不太注意,自己孩子睡觉就跑到别人家门口聊天,委婉的说了好多次都没用,导致我后来中午睡觉都神经衰弱了。一方面压力大,一方面睡不好,整个人憔悴到不行。

住在我楼上的一个阿姨,是来陪儿子在这里上高中的。因为家里没人帮忙带孩子,所以把六七岁的女儿也带来了,一家三口就住在10平方米的小屋里。

我是快到高考的时候才知道这个家庭爸爸是不在的。后来才听说她的丈夫是医生,因为一次医疗事故判了十年的刑,那时她的女儿还没出生。这么多年她一个人带两个孩子,每次农忙时节还得回家干活,很心酸。

尴尬的第一名

我进班时成绩是第一名,所以老师就让我做了英语课代表,这也是班上最吃力不讨好的活。

我们每天6:20之前要到班级,晚上22:50下课后老师还要说一段话,回去的时候都23点多了。

可以说，每个人整天都忙得和陀螺似的。但我是课代表，每次考完试都要统分，因为英语考试有答题卡和试卷两部分，所以都要统，还要帮老师收发听写，收发各种作业。所以每次晚饭我都得吃得很快，然后去教室发试卷、放听力，有时候老师拖堂了，我就连吃晚饭的时间都没了。

虽然我每天都要比别人挤出更多时间帮老师做事，可因为大家都在一种高压的环境之下，脾气都很不好，而且每个人都来自不同的地方，家庭背景完全不一样。我本来以为，为大家尽力尽力的做事，别人即使不会喜欢我，至少也不会有什么恶评，没想到后来有同学告诉我很多女生都在背后说英语课代表很讨厌，是"老师的走狗"，我当时真的很伤心。

还有一次，老师要求收发听写，我当时什么都没做，一个女生就冲着我大吼，我回到座位就哭了。

那一年这样的事情不胜枚举，我天生比较敏感，以前我不爱哭，现在却很爱哭。很害怕别人会伤害自己。

在毛坦厂，每个月都会进行一次月考，每次都会排名，各科都排名，还会贴红白榜，也就是进步退步榜。因为我进去时是第一名，所以后来每次都在退步榜上。

我十次月考只有两次进了前十，当时觉得都无望了。而且最后一个月我的状态很不好，感觉整个人都被掏空了。但最后我还是考的很好，班级第一，全省文科前五百，进了一所很不错的 211 大学读文科。

不光是月考，每次作业我们都要排名，贴在班级门口，那个时候很想看排名，但又很怕看到自己退步了。

在这里，我想和那些高三每次月考不理想或者对自己失去信心的同学说，不管怎么样，都别放弃，只要高考考好了，月考什么的重要吗？有时我们过分在意的东西，最终可能不能说明什么。

毛中的老师们

新闻上说毛坦厂的老师爱打人，这确实是真的，但并不是每个老师都这样。

我当时的班主任,恰好就是一个爱打人的老师。他很好强,很冲动,很急躁,经常和班级一些男生发生冲突。有时真的是很小的一件事,也要用暴力来解决。

我曾经亲眼看到过好几次他打班上的男生,嘴里还伴随着叫骂。打得真的很狠,每次看到这样的画面我都会吓的抖,是真的抖,以至于现在我都很怕看到这样的画面。

女生他也打,不过只打手,用铁尺子,或者木棍。我也被打过,因为题目做错,手肿了好几天。

每次看到班主任打人、骂人,我心里也反感。可是他也很累,有一次他说了一句话我至今还记得,他说:我在这里,不是生活,是生存。他因为讲数学需要写字,一边的肩膀总是比另一边高,很心酸。

老师们的压力很大。每年复读班考倒数的班级,班主任会被下放到应届班。很多老师都视"下放"为耻辱,因为毛坦厂就是复读班成绩牛。

总之,毛中有好老师,也有讲得很一般的。我们一天大多数时间也是在不断的练习重复,老师讲课时间并不是特别多。

毛中生活的得与失

每年的 6 月 5 号是毛坦厂中学的送考节,据说只有姓马和姓陈的老师走在前面,取自"马到成功"之意。

而毛坦厂传说中的大神树就在当年我的教学楼下,很大一棵树,应该有几百年了。树下有上香的地方,每年高考前都会有家长和学生去跪拜。老师们也都很迷信,每年高考前校长都会带队烧香,祈求今年高考会有好成绩。

毛坦厂升学率虽然高,但一本率并不高,考名校的就更少。有时候我也会在想,这种教学方式其实比较适合平均水平的学生,如果那些本来基础就很好、自制力也比较强的学生,最好还是不要去。

其实,很多把孩子送来毛中的家长都是人云亦云,花钱买心安。可是真的有用吗? 有的家庭一年花了 48000 元让孩子来这里复读,结果这个孩子每天晚上还要偷玩手机、谈恋爱,老师知道,也不想管了,最后还是考不上。

这几天有以前的同学转发为毛中正名的文字,说毛中不是高考工厂。说毛坦厂中学是高考工厂确实有点过。但是每个学生都确实是一个流水线上"生产"出来的。没有个性,每个人每天都在做同样的题,没有区分度,很少有自己的时间。

我至今也说不清,在毛中度过的这一年是值得还是不值得。没错,通过复读一年,我考上了重点大学。但是我的性格完全变了,变得很脆弱、很爱哭,包括现在也是这样。

复读这回事,真的很像赌博,世界上有很多事不是努力了就有结果。在毛坦厂还有很多复读了两年、三年的人,平时成绩也不错,可是最后却考的不理想,这样的例子比比皆是。

最后,还是要祝所有高考学子好运!

(图片来源:CFP)

本文发表于 2015 年 6 月 8 日

农村学生:考大学不再是鲤鱼跳龙门 | 长 路

"农村家庭的普通本科院校毕业生成为就业最为困难群体,失业率高达30.5％",这样一个来自于中国社科院调查报告的结论,成为一则引人瞩目的新闻,在一个新闻类 APP 上收获了超过 7500 条的评论。

在媒体工作的我注意到这条信息不奇怪,因为我每天都会收到热门新闻推送。但第二天我发现,在老家的姐姐也留意到了这条消息,她的儿子正在读大专,孩子将来的就业是她特别关心的问题。

"大学生越来越不值钱了,但还得让孩子继续读啊。"看完这条新闻,姐姐对我说。

当年无比风光的大学生

大学生不值钱,这在三十年前的 20 世纪 80 年代,恐怕是谁也没想到的结果。尤其是在我们家那儿,谁家出了大学生,最常见的说法是祖坟上冒青烟了。

我家在安徽大别山下的某个小县城,暂且称之为 H 县吧。那时农村的主要事务就是种田种地,没什么活钱在手上,县城里拿工资、吃商品粮的人就是让人十分羡慕的对象。

村里的孩子们到了年龄也去读书,就是非常一般的乡村小学,附近十来个大大小小村子的孩子都去那念书,氛围散漫而又热闹,绝对的快乐教育。大家都觉得到了年龄就读书是很自然的事情,但并没有什么明确的目标,考大学更是一个颇为遥远的词汇。倒是家长在教育孩子时经常会讽刺说:"不好好努力,将来只能考'犁弯大学'(意指种田)!"

大学生也是有的。比如我们村里就先后有两个人考上了大学,第二个人考上的还是电大,相当于今天的大专吧,但那时都是天大的喜事。

孩子考上电大的人家,连着三天在村头的广场上又是放露天电影又是请来戏班子唱皮影戏,方圆好几里村子里的人都来凑热闹加祝贺。考上大学,实在是一件光耀门楣的大事。

当然,那时的大学学费很低,毕业了包分配,分配的工作一般都还挺体面。考上大学对农家子弟来说,的确是"鲤鱼跃龙门"改变人生命运的大变化。

村里大学生的繁盛和断档

虽然有这样的榜样在先,但我似乎从来没觉得这和自己有什么关系。就这样懵懵懂懂地在乡村小学和初中读着书,直到初中毕业时,瞄准的目标还是包分配工作的中专。结果,我的中考分数超了,进了县城的重点高中。直到这时,考大学才成了不得不选择的目标。

三年后,我顺利考上了上海一所 985 大学,算是不错的结果。我高考一年后的 1999 年,大学扩招,考大学变得相对更容易了。而和我年龄差不多的孩子里,后来也陆续有几个考上了大学,比如天津师范学院、长沙交通学院、武汉理工大学等,这些大学毕业生后来有的读了研究生,现在分布在重庆、武汉、杭州等城市里。

当时我所在的村子差不多有 60 余户人家,七八年的时间里出了近 10 个大学生,惹得邻村人颇为羡慕,说:"你们村风好,家长们都抓孩子读书,孩子也争气!"

但这样的情况,在之后的一些年里风光不再。

昨天我给侄子打了电话,得知最新的情况是,村里适龄的孩子没有在重点/普通高中读书的,两个前两年从职高毕业的孩子已经算"高学历",现在县城卖服装。

更多的孩子,是在初中毕业后去广东、武汉、长三角等地进工厂;或者学一门手艺,在家附近的县城打工,比如做厨师、做建筑工人、汽车修理工等。

大学生不再像以前那样"物以稀为贵",村里的人也变得更现实。这年头,孩子要考上名牌大学难上加难,考个普通的大学也找不到很好的工作,毕业拿的工资可能比打工多不了多少,再加上上大学的学费还动辄一年上万元,成本太高。

相比之下,让孩子在家门口做做工人、厨师,混得好的还能做个小包工头,一年也能赚个五六万元甚至八万十万元,小洋房住住,先富起来的还开起了小车,这比去大城市里苦苦读书、工作后做"蚁族"强多了。

实验班的逻辑

为了更全面地了解农村大学生的情况,我特地向当年的高中同学、大学毕业后回到我们的县城重点高中执教的老同学 H 打听了一番。

H 同学执教的,是县城重点高中的实验班,也就是尖子生班。她所在的班有 40 人,纯粹农村出来的孩子 10 个不到。而在我们当年,100 人的班上农村孩子占到近一半。

对实验班学生的比例分布,H 说,招生的时候,实验班确实有向城镇学生倾斜的因素。原因也很现实：

其一，农村的孩子和家长对考好大学的期望值没那么高，不少人觉得差不多就行了，而城镇的家长一般都会对孩子的教育更加支持和全力以赴，能让孩子上一个台阶就争取上一个台阶，各种人脉和资源都愿意投入进去，学校乐见其成；

其二，实验班的孩子的最高目标通常是清华北大这些名校，在这些名校自主招生前夕，必要的考试培训必不可少，这是一笔不菲的花销；参加自主招生面试需要前往北京、上海等地，来回的费用、家长的人力投入都少不了，这些方面农村孩子同样没太多优势。

基于这些原因，实验班的学生中农村生源偏少。但普通班的孩子中，农村生源并不少，他们的父母要么在外面打工供孩子上学，要么一方在外打工、另一方在县城租房照顾孩子衣食起居。还有一些农村家庭在县城买了房，孩子从小学、初中就开始在县城读书，基本也已经是城镇人口了。

我问，纯粹农村的孩子有没有考上名校的？H说，有，让她印象深刻的就有一个，父母都是纯粹种地的农民。这个孩子极有数学天分，参加数学竞赛拿的都是全国一等奖，但他的语文和英语很差。H说，这几乎是乡村中学选拔上来的尖子生的通病——数学、物理强，语文和英语很弱。

最后，这个学生在参加北大的自主招生面试前，最弱科目主要是语文，语文老师天天盯着他补习，几乎是手把手地教他如何应答各种问题和状况。结果也很不错，这个孩子通过了自主招生考试，获得了北大的加分，上了北大数学系。当然，即使是裸考，他的分数也已经够上北大了。

这个例子听起来有些励志。感慨之余，我也有些迷茫，不知道村里断档的大学生何时才能接上，还是就这样过着他们的小日子也挺幸福？或者说，等哪一天大家的日子越来越富裕的时候，又会认真对待读书这件事？

（图片来源：CFP）

本文发表于 2015 年 10 月 20 日

语文老师，为何躺枪的总是你 邢 春

看到《谁在僵化上海的语文教育》，好家伙，又一篇炮轰语文教育的"檄文"！

本想一笑了之，不予置辩，可又如鲠在喉，不吐不快。首先，是担心此文误导大众；其次，既然已经躺枪，何妨反戈一击。总得相信，群众的眼睛是雪亮的！

以偏概全的假定

不少家长对早慧儿童津津乐道，几乎都能举出有超强阅读能力的例子，然后这些孩子入学后就泯然众人矣。

这篇文章还举了另一个佐证，上海学生在最近一次 PISA 测试中，数学、阅读、科学三个科目中全球第一，但在电子阅读测试中表现欠佳。于是得出结论："日常的语文学习"是罪魁祸首，因为"他们学习文字和阅读，第一目标是为了应付考试，而不是解决实际问题"。

那么，就会产生两个问题：其一，入学前，孩子们的阅读能力是强的，上学后才退化变弱了；其二，在中小学语文学习中，应试是第一目标。

显然，第一个问题，家长们习惯于用早慧儿童的例子，来替代阅读水平参差不齐的全体儿童。

现实中，由于家庭早期教育的重视程度与方式方法不一，入学前的孩子阅读能力差异很大。上学后，这种差异是显性存在的。家长看到的也许是一两个早慧的孩子，但是老师面对的是三四十个学生，可以横向观察。这一点，语文老师最有发言权。

第二个问题其实也不准确。中小学语文教学改革，近年来呼声响、动作大。培养学生的语文素养，包括文化积淀、语感形成、阅读写作、综合实践等语用能力，已成共识。当然应试能力也在其中，但不是唯一目标。

即使应试是所谓"第一目标"，也不是语文老师的罪过。在中国目前的教育形势下，学生考试成绩不行，家长、社会能接受吗？

别拿"标准答案"说事

"檄文"里还列举了语文教育的几种"变态"行为：肢解文本、标准答案、死记硬背。

说实话，我也很讨厌这样的教学。确实有这样的老师，在课堂上用手术刀切割课文，一篇好端端的文章，被弄得骨肉分离，学生只见树木、不见森林。

这样的语文老师占多少比例？我不知道，我希望那是非主流。至少我个人是主张整体感知在先，由整体而局部，最后再回到整体。难道市场有假、商家有欺，于是我们就骂所有商人都是奸商？

再来说说标准答案与死记硬背

语文阅读中有参考答案，其中有些是封闭的，有些是开放。比如"Lìhài"，可以写成"厉害"，也可以写成"利害"，要看具体的语言环境，哪一个更合适。在理解与表达层面，现在有开放题型，答案并非标准唯一，只要言之成理，就可以得分，当然还要看表达是否有条理、合逻辑、符合语境。

今年中考即将推出"综合运用"题，主要考查学生对社会热点的看法，对社会现象的评论，或对教育问题的见解，要求学生将课内掌握的知识和能力运用到课外，作知识和能力的迁移。

比如 2009 年上海中考语文中的一个语段"城市花卉景观装饰"，其中第 20 题给出一个表格，要求学生结合文本和表格内容选出合适的花卉。回答这题要从花期、观赏效果、审美等多种角度考虑，不仅考察学生对阅读材料的理解，还考查学生在理解基础上运用文章知识的拓展能力。

这是全开放的题目，重在检验学生灵活运用语言解决实际问题的综合能力，重视实践，鼓励创新。

至于死记硬背，也不是语文学习的常态。一定量的积累是需要的，古人说"书读百遍，其义自见"，没有大量的阅读记诵，语言积累、文化积淀、语感形成都是问题。

现在的语文考试,默写的大多是文化经典。今年上海中考语文将原有的18分默写减为15分,其中3分改为考查基础知识的运用,要求考生对命题者所提供的文字材料,或提炼基本观点,或概括基本内容,或发表自己主张,由此可见语文考试的导向。

所以,"檄文"感慨"现在语文阅读训练题有些变态",是否又是以偏概全?殊不知,这样的指责可能误伤语文老师与语文教育哦!

"我们"该怎样重视语文

"檄文"的第三个论断是"我们并不重视语文"。需要弄清楚的是,"我们"是谁?

从课时上看,中学语文课时并不比数学、英语少。文中所说"特别是初中后,语文课时被大量压缩和挤占",不是事实。所以,这里的"我们"不能指学校和语文老师。

从升学的角度看,现在上海中考语文150分,与数学、英语、理化(合卷)分值相同。而且,今后中高考语文分值可能提高,"我们"也不该指教育主管部门。

学生呢?不妨去了解一下,现在很多学生数理化与英语不担心,决战中考时,拉开分差的恰恰是语文。他们惧怕语文,是因为语文学习有其内在规律,其他学科可以速成,唯独语文需要日积月累。这一点,"檄文"说对了。学生是重视语文的,"我们"也不是学生。

那么,这里的"我们"究竟指的是谁?我认为,"我们"正是围观语文的功利社会。

每到教育改革时,各种声音都喜欢把矛头指向语文教育、指向语文老师。因为语文是母语,似乎每个人都是专家;即使不是专家,也能对语文教学说上几句。我们语文老师,真是"躺着也中枪"。

可是,社会现实往往被无视了。"学好数理化,走遍天下都不怕",是社会功利的表现;学好英语,与世界对话,是社会功利的表现。不读经典不读诗,只读微博与微信,这种碎片式阅读是快节奏的社会现实吧？还有电影、电视、电脑、游戏、动漫……

形形色色的娱乐世界,挤占了孩子多少闲暇时间？孩子们根本不能静下心来阅读真正的经典,那种需要"读书破万卷"才能"下笔如有神"的语文阅读与写作能力,如何凭空形成？

因此,重视语文,绝不仅是学校里语文老师所能做到的事,需要全社会的关注与行动。而社会的关注,也不能仅靠设立"阅读日"、"读书节"就一蹴而就。看看西方国家,日本、美国、欧洲,同样在现代社会中,是怎么形成的全民阅读风尚？"我们"应该知耻而后勇,从改变家长的阅读、改变全社会的阅读开始。

别只是指责语文老师!

(图片来源:CFP)

本文发表于 2014 年 3 月 28 日

独立教师：辞职变成自己想成为的人 | 王 宏

向着明亮那方

文：金子美铃

向着明亮那方

向着明亮那方。

哪怕烧焦了翅膀

也要飞向灯火闪烁的方向。

夜里的飞虫啊。

向着明亮那方

向着明亮那方。

哪怕只是分寸的宽敞

也要向着阳光照射的方向。

正在突围的我们啊。

纠结和痛苦的前奏

一年多前，我是一名中学物理教师，现在是大象（独立教师项恩炜——编者注）的拍档。

新认识的朋友聊我们的故事总是从辞职开始的。从体制内还不错的学校跳出来，成为单打独斗的"独立教师"，很多人都会有各种惊讶和好奇。常有朋友问："你怎么会有那么大的勇气离开？"

说实话，我没有感觉到所谓的勇气。每个人辞职的原因都不同的，唯一相同的可能是从辞职念头产生起，冲突和成长就像一对加速长大的孪生兄弟，一直伴随着我们，每一天。

2008 年，李正太老师邀请我去北京创业。因为对于未来生活的恐惧，我还不希望放弃体制内的教职，希望托人办病假，用停薪留职来为自己缓冲。

在这个过程中，我第一次去送礼。送礼的那个晚上，老婆说看到我脸上充血变成了猪肝色,结果就是礼没送进去,直接把礼品放在楼道里落荒而逃。然后就是等待消息,那一个星期,每天什么事情都做不了。早晨很早起,晚上很晚睡,却大多数时候都在床边,脑袋里一直嗡嗡的,高度焦虑。最终病假单没有办下来,我心里一下就平静下来,但那颗不甘的心依然在跳动。

之后的五年,利用寒暑假和周末,我一直在安徽滁州与朋友大海一起,通过他培训学校的学生的表现一起研究"思维训练",顺带挣钱补贴家用。

这几年间印象最深的是 2011 年冬天,我、大海、河北的吴宝森老师,一个物理、一个英语、一个数学,三个男人睡在一张床上,盖着一床被子,通宵聊天、聊教育、聊一个个知识点的教学设计、聊未来。

回家跟老婆说起这件事,老婆说:"你们一个 30 多,你接近 40,老吴接近 50,还能这样聊天,真让人羡慕,是人生最快乐的事。"这些事情分享出去,大家都说我们是疯子,而接触我们的人往往也像我们这样疯,说明能享受这样的快乐的人是不多的,我很幸运。

但一回到学校,我又进入到平淡压抑的节奏,应接不暇的教学任务、各种抽查、论文发表等等,只有课堂设计的探索以及学生个体问题的咨询让人看到一些微光。

下定决心辞职

到了 2012 年,我对大海说:"这两年我再不出来,我心就死了,再也不会出来了。"

我心怎样?其实我是不清楚的,只是能感受到那一份冲动,更重要的是我突然看见我在学校日复一日终老至死的模样,让我极度痛苦并产生无法言说的悲凉。这悲凉,便是我从未活过,我居然死之前都不知自己是个什么样的人,或者说这想象出来的人不是我能接受的。很多人说人生本来就是要接纳这样的痛苦的,我却希望有一次选择的机会。我对未来有未知的恐惧,但这份恐惧与那些痛苦相比微不足道。

当我提前半年告知学校我将离开之后,亲人朋友的劝说,依然让我处于焦虑之中。只是，只是这份焦虑没有让我产生继续留下的丝毫想法。

辞职的手续半年后才办妥。2013 年 12 月 26 号下午，我在滁州租住的房间里正准备睡觉，接到溧阳人事局打来的电话，电话那头问我是不是和学校有什么不愉快之类的问题。

我说："学校对我很好，我只是想做自己的事。"很奇怪，辞职之前诸多的抱怨，辞职后却真心的感受到学校的老师和领导对我其实是足够包容和关爱的。

电话那头说："如果是这样，今天这个电话结束就意味着你永远回不了头了。"

在这之前，家里人对我的辞职也抱着希望，期待着说不定哪天我碰到困难就回去了，毕竟还有机会，我内心也一直在与那份 17 年习惯性的依赖隐隐的做着斗争。

直到此刻我在电话里说出："谢谢，我决定了。"一切彻底了结，此时此刻，真正身心合一地辞职了。

创设独立工作室

2014 年 6 月，我来到上海，和大象一起建立"成为学习者"工作室，并开出了同名公众号，探讨各类更有效的学习方法。

但我们的身份显得很尴尬。总是有人问："你们是做什么的?"我们内心知道自己在做教育，而且是希望做比学校里更好的教育，我们知道我们自己的专业价值，但似乎很难几句话跟外人说清楚我们到底在做什么。

这种尴尬一直持续到 9 月，因为参加一个拓展活动，我小腿肌肉严重拉伤，不得不回溧阳家里养伤。

当时我不知养伤需要多少时间，没有收入，看不到未来的样子，但最大的好处却出现了——

辞职一年多，我的思维习惯其实和之前在学校一样，期待每个月都有一笔钱进账，每天都在计算下个月挣多少钱能够维持家庭开销。这下好了，脚一伤，或许半年一年都挣不到钱，虽然内心煎熬，但却开始进入另外的轨道思考问题。对我们而言，钱很重要，但做什么更重要，我们真正需要的是用有价值的事来解决经济问题。

11月回到上海,大象也辞职了,我们真正成为拍档。虽然我们认识多年,但这一次才真正理解彼此,发现对于学习的理解我们有差异。

大象侧重寻找每个人的差异,一直坚信"班级里几十个学生,他们即便背一个单词,也没有一个人是一样的。"他因此侧重学法咨询。而我更侧重于寻找孩子们的共同点,从继承人类文明成果的视角看待常规课程学习,因此我偏重于教法设计。

推敲之中,工作室的白板上碰撞出了具有群体意义的"表象训练课程",这一步意味着我们从研究走向课程,从个案咨询走向群体,更有可能惠及不同层面的学生。在这之前,虽然我们也能为一些学生提供学法上的个案咨询,但是毕竟收费不能太低,受益者更多是"有钱人",这让我和大象觉得有悖初衷,于是开始了课程的尝试。

于是这段时间的状态,就是白天在工作室打磨"学法课程",晚上拼命做家教糊口。辞职之后最大的快乐,就是在这种专业领域碰撞出新的火花,然后指向实践和市场的检验,这种快乐在学校里未曾体验过。

2015年开学前,我们应郭力众老师的学校邀请,到河南濮阳对郭老师班级学生进行为期三天的学法训练。辅导现场,当一个本来生物不好的孩子用一盆花,想象自己是一滴水打通了整个高中生物的知识点,当我和大象相互掐断对方的课堂,却将思维导图的培训课推向了更深刻的理解人的层次的时候,这是一种巅峰的快乐体验。

开启一所学校的新尝试

濮阳之行结束,3月3日,大象和我正式成为新知学校的一员。

原来一想到民办学校,我的脑海里就蹦出豪华二字。新知完全颠覆了我对民办学校的认识。新知的墙是斑驳的,办公室是拥挤的,食堂是简陋的,伙食是我不适应的;但老师是辛苦的敬业的,孩子们是可以课间大批坐在地上看课外书的,小卖部是不赚钱的(东西比商店里便宜很多),周边的田野是清新的……

在新知,最触动我的一个瞬间是:一个阳光明媚的早晨,一年级的小朋友们排着队正走向食堂,看到我拍照,孩子们都精神抖擞的踢着正步,可爱极了。我也开心的看着他们笑,当他们从我身前过去,我的泪水夺眶而出,过了一会,我才意识到我的泪水来自何处——这是一群正需要父母陪伴的孩子啊! 留守儿童之痛第一次被我感知。

我也第一次清晰地意识到,在灌南,大量孩子的父母都在苏南上海打工,他们的孩子需要的是全寄宿的服务,于是新知这样的民办学校遍地开花,撑起了这个县的基础教育。

在新奇、稚嫩中,我们笨拙地开始了与新知老师们的碰撞,这个过程对于双方都是艰难的。但是,当面对学生,当在迷雾中找到一个解决学习问题的缺口,老师们和我们一样,眼睛里闪着光,那光,映照着一个明亮的世界!

我们如蜗牛般艰难地前行,正因为陪伴的缓慢,我们感受到自己坚定的心跳。变化在一点点的积聚,学习者三层次模型建立起来,课型打造流程建立起来,教法培训在向教法课程变化,学法课向学法课程变化并已经在年级推广……

本学期,互联网和商业视野下基于"学"的课程改革方案在新知正式启动,我们期待看到在一个中国最典型的经济欠发达、班级学生规模偏大、缺乏足够资金支持的农村中学做出理想的学校。这个学校的孩子们的学习交流,是基于脑科学和学习科学的对话体系,老师们基于学生真实问题开发微课程,并在这样的课程支撑下实现真正的走班和自由选择,最终为全天下所有的学习者提供真正公平的、基于个人需要的学习机会。

回头一望,残缺的我们进步飞速,这样的进步在辞职前是不可想象的。从一个学生到一群学生,再到全体学习者,一个人和全体,居然如物理的基本粒子和宇宙一样可以打通,另一个明亮的世界在我心中依稀露出了模样,我也慢慢看到了自己想要变成的样子。

成为独立教师后的另一个收获,是之前我身体一直不好,以前学校的同事经常能看到有气无力的我。辞职后的一年多,不管多么累,有气无力的状态却完全不见了。

(图片来源:CFP)

本文发表于 2015 年 10 月 15 日

尴尬的 35 岁，再就业如何逆袭？ | 卜 依

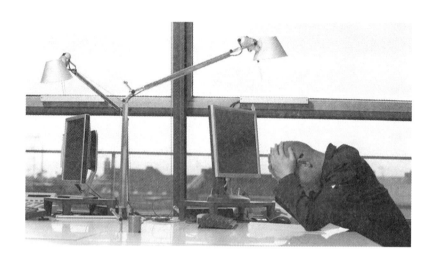

世界这么大,我想去看看。这样的鸡汤曾经激励了许多人,但在现实生活中,去看世界这件事,可能并没那么美妙。尤其,当你已经过了 35 岁的求职"警戒线",而又没有金光闪闪的履历的时候。

我大学毕业后就进了报社,老公也是大学同学,之前我的工作和生活都是按部就班。2014 年,35 岁的我决定离开一家纸质媒体舒适的岗位,开始了堪比"非诚勿扰"相亲般的面试之旅。

选择离开,是因为感到自己已经超过 35 岁,再不"疯狂"就老了,就像生命中最后一趟通往另一处美景的列车在鸣笛,我匆匆上了车。

女性求职防骗是首位

常常感叹自己 35 岁已经很老了,直到面试遇到了骗子,才发现自己可能还是太嫩了些。不论你是 35 岁以上还是 35 岁以下,尤其是女性,在求职过程中防骗永远是放在首位的。

当初在一家大型求职网站上投简历,看到一家公司的工作地点是陆家嘴地区能用肉眼看得见 LOGO 的写字楼,觉得挺高大上的。招聘的职位似乎也好像还算适合我,不免有些兴奋。

这家公司号称是经营养老产业和财富管理,都是热点。填写面试表格的时候前台要我做一道题,要求把几项自然景观同时画在一张纸上,并阐述这之间的逻辑关系。当时还想着,市场化的公司花头就是多。

面试官自称是史玉柱的助手,说的内容宏大空泛,令人昏昏欲睡。即使这样,当时我也没对这家公司怀疑过什么。让我有些疑虑的倒是他们的官网,网站里该公司"关于我们"这一栏充斥了"愿景""使命"这样的词汇,与一般的公司官网差别太大,最终我放弃了这家公司。

几个月后朋友告诉我,他从报纸上看到新闻说我之前应聘的那家公司是骗子公司,骗了投资者几千万,很多人报了警……这件事,让我后怕了好一阵。

被 80 后、90 后包围

经历了几轮辗转后,我应聘到了一家互联网公司。

到互联网公司最大的感受,是被一群 85 后和 90 后包围。前台通常是 90 年左右出生的,然后从 IT 部、产品部到 HR,几乎都是这个年龄段的年轻人,只有部门领导还有可能是 70 后。

一个 85 后的市场部负责人,在校期间就创立过社团,联系大咖、办讲座等都十分娴熟,得心应手;一位 90 后的海龟项目经理,家里是开酒店的,但是他又聪明又努力,做起会议记录来直击精髓,非他莫属;一位颜值极高的女孩,通过自己的金融男老公为公司拉到了投资,自己也对金融略懂一二,当然也是老板十分器重的员工……最刺激的是,我们的三个合伙人老板都是 1988 年生人,他们每个人的为人处事都很得体,只是有时会流露出掩藏不住的孩子气。

我们公司的公关总监也是 85 后,非常会"来事",一点也看不出"太嫩"。尤其是公关这种岗位,50 岁和 25 岁相比较,比拼的未必是工作时间,就是看谁的资源多,吃得开。何况出去应酬,自然是年轻貌美的人更吃香一些。

除了领导带团队这一点需要气场之外,在专业技能上,互联网公司的 70 后并不像医生、教师、律师这样的职业具备明显优势。

　　而且,我也第一次发现,原来 85 后和 90 后的心智如此成熟,远远超过我们当年对 80 后存在误解。他们对于这个世界的游戏规则似乎比我精通太多太多,可能是随着互联网长大的一代,接受的资讯够多,家境也大多不错,受过的教育和出去旅行等增长的见识也与我们这代人不能同日而语。

　　"任何时候开始都不晚"这种话,听上去总是那么励志和给人希望,但现实生活中并非如此。如果你是老板,同样培养人,你是愿意招 90 后还是 70 后? 尤其是与传播相关的职业,受众多是 80 后 90 后,谁更懂受众谁就胜出,因为他们的语言系统天生一致,而不是再花时间去努力探究。

　　突然想起一句很不恰当的类比,贝多芬花了一辈子去实现的,莫扎特一出生就在那里了。

尴尬的 35 岁如何逆袭

　　在这家公司做了一段时间后,我又转场到了一家 P2P 公司。经历这一年多来的折腾,我对职场的 35 岁分界线也有了更多感受。

　　坦白说,35 岁以后就不应该再投简历了。如果你之前工作中积累的人脉关系或经验不能帮你找到一份过得去的工作,即使不能说明你能力平平,至少也说明你的资源匮乏。

　　在我周围 35 岁以后跳槽的人中,一半以上都是通过熟人找到新工作(很多 35 岁以下的人亦如是),因为你认识的人中总能辗转听说这样那样的工作机会,市场上永远有适合你的岗位需求,只是如何获取这一信息源。都说中国的游戏法则就是熟人社会,这一点在就医、升学、求职这三个领域体现得尤其充分。

　　另一个不可回避的事实是,互联网虽然大大冲击了纸质媒体,但也成就了不少传奇。很多跳槽到大平台、做自媒体、创业的记者编辑已获得成功,如今的收入早已是报社薪资的数倍甚至数十倍。

　　同样是 35 岁重新开始,他们不仅没有面临被动的局面,还迎来了人生巅峰,这是为什么？

1. 才华。这是必要条件。

2. 容易接受新事物的眼界。在这些成功人士之中，有很多在多年前已经预感到纸媒会走下坡路，提前转向经营岗位或学习资本运作。

3. 把自己的兴趣放大到极致。除了时评之外，几乎所有的自媒体都是在垂直细分领域获得了巨大的人群和流量。只做综合新闻，要想转型是非常难的。要么你的岗位让你细分，要么工作之外你自己的兴趣在细分。

4. 人脉。到大的平台或者把小的平台做大，这二者都需要人脉的积累。

5. 勤奋。

其实，无论你是哪个年纪，若想在事业上获得突破，都离不开这些要素。就算是 50 岁时遭遇行业衰退，只要具备以上五要素，都能东山再起，完美逆袭。

相反，即使你只有 25 岁，如果在以上几项里都有欠缺，哪怕能跳槽找到一份工作，也仅仅是一份工作而已，终有一天，也许不用到 35 岁，就会迎来职场的尴尬局面。

（图片来源:CFP）

本文发表于 2015 年 9 月 29 日

90后:我为何降薪离开著名外企 | 香 蕉

跻身顶尖外企

由于生日恰好在 89 年的 12 月 31 日,我便成为了名副其实的"划时代"人物,一不留神站在了 80 后与 90 后的分界点上。

我们这一代,被贴过林林总总太多标签。其中的一些或许还有据可循,比如"脑残",又比如"任性",但也有挺让人摸不着头脑的,例如,无论你长得是不是真的鲜嫩水灵,总有人哆嗦地喊你"小鲜肉"。也曾经听过有人说 90 后是韭菜,一茬一茬地飞速冒尖,野蛮生长。

掐指算来,我们这茬韭菜进入职场也有三、四年了。作为一枚最典型的上海 90 后,我的成长经历可以说是相当中规中矩,一路都以年级中等偏上的成绩进入中等偏上的学校,最后考入一所中等偏上的 211 大学。

毕业前夕,顺利通过校园招聘的层层筛选,我拿到了世界 500 强外企 M 公司(在行业内排名全球领先)市场部的管理培训生 offer。这在当时,还是一件挺长脸的事儿。

可观的工资、优越的办公环境以及稳定的职业发展,引来身边伙伴们的无数艳羡,得到家中长辈们的一致认可。当爸妈得知我接到 offer 的那天,我分明从他们的脸上看到欣慰和如释重负,以他们的思维来看,我未来的职业生涯,就要牢牢扎根在这家公司了。

可是三年之后,我选择以降薪跳槽的方式,离开了这家众人眼中的好公司。"这么好的公司,除非它开除你,否则你干嘛要换?"这是身为 50 后的妈妈,始终无法理解的一个问题。

外企的三年之痒

2014 年冬日的某个下午,我最后一次坐上公司的班车,回头看夕阳下 M 公司的大楼与我渐行渐远。我在这里度过了职业生涯最初的三年,从初出茅庐的职场菜鸟,变成了还像那么回事儿的职场新人。

这三年不仅仅是我简历里浓缩后的一段 100 字概括,它更帮助我认清了自己的人生方向。

M 公司是一家典型的美资外企,工作氛围轻松随意,同事间相处融洽,愿意互助和分享,老板们也很少有架子,可以直呼其名,总是笑容可掬。

同事们也都一水的精英范儿,许多神一样的牛人藏龙卧虎于其间。公司的员工忠诚度在行业内也是高的,中国区员工平均工作年限有 7 年之久,是当之无愧的像家一样的公司。而那些跟着公司一路成长,经历过辉煌的 60 后 70 后,大多成为了公司的中高层和顶梁柱。

由于员工流动性低,M 公司招聘新人的频率并不十分高。作为部门里唯一的90 后,我报到的第一天就引来了大家的"围观"。小到日常口头禅和词汇表达,大到思维方式和价值观,90 后与 70 后之间确实存在着不小的差异。这些在工作中的碰撞,也常能折射出两代人价值观念的不同。

在工作中,70、80 后们沉稳而富有经验,对他们所负责的领域驾轻就熟,并富于洞见,可以对行业及公司的发展方向作出准确的预测。但也正是由于这种沉稳,他们显得更为保守,对一些大胆的观点和新鲜事物常常持保留意见。

对于 90 后小菜鸟而言,他们多年智慧的积累确实具有相当的价值。但带着 90后与生俱来的好奇和叛逆,我也常常会忍不住思考:传统的方法现在依然像以前一样有效吗？现在市面上最新的宣传方式和平台，我们为什么不能尝试呢？那些固守的坚持是不是墨守成规……

在 M 公司经历了三个 team 的轮岗之后，我顺利地在公司里找到了自己正式的岗位。

作为一个初级职位，这份工作不需要我花太多精力，也无需独立承担重大责任。我所发出的每一封邮件，所负责的每一个或大或小的项目，都会先经过我老板的审核。而部门也提供了标准的工作流程和统一的计划格式，供我们量产出流水线一样的工作方案。外企成熟的制度和庞大的组织结构，使得每个人都成了巨大的企业机器中的一枚螺丝钉。每天的工作是标准的朝九晚五，几乎从不需要加班，像机械表一样精准无误。

这样的工作，有规律得似乎一眼就能望到十年之后，也让我心生疑惑：这难道就是我孜孜以求的职业状态吗？一直这样下去，我是不是再也不用学习更多的技能？

为了成全自己而离职

就在正式定岗后不久，我接到了一通来自猎头的电话。对方提供的是一家小型公司的市场部职位，虽然职位级别并不高，却能独立负责一个产品的市场推广。

至于工资，猎头也说得很直白，以我目前的能力和资历，M 公司所提供的薪资远远高于市场标准，我的新东家无法提供同样的待遇。说白了，就是我的能力与我的薪资并不相符。这在其他人看来，跳槽都不是一次明智的选择。

妈妈替我算了一笔账："工作量上升了，工资倒降低了，你傻不傻？"我的却是这样算的，M 公司目前的待遇虽然高于市场水平，但每年的涨幅缓慢而有限。而我作为一枚工作中的螺丝钉，能力和眼界的增长更是有限。长远来看，比如十年之后，我的工资还会高于市场水平吗？我的能力提升呢？

在庞大的外企里，规律而缓慢地成长，并不能给自我价值的实现提供更大空间。而看一看身边当年毕业时满怀憧憬进入快消、四大、咨询等外企的小伙伴们，不少也遇到了同样的困扰。对他们来说，外企不再能提供当初向往的自由天地，由于想要快速学习全面技能，独立承担更大职责，获得更多学习机会，他们可能会选择更小型的公司、私企，甚至自己创业。

"找工作要找金饭碗，稳定有保障。"这是妈妈常对我说的话。毕竟，对于成长于资源稀缺年代的他们这一代，工作是谋生手段。而对成长在充满机会、物质充沛时代的我们，工作是实现自我价值。

我的闺蜜泡芙小姐有一个霸气的事迹，由于她和白羊座的老板长期理念不合，老板对她工作的指导往往无法得到她的认同。在一个风和日丽的下午，她和老板，两个像火星座的人终于拍桌子吵了一架，然后她毅然决然地提交了辞职信，最大的理由是"跟着这样的老板无法使我获得成长"。这样的例子，在我身边并不少见。

没错，我们的信条是：工作不是为了成全老板，而是为了成全自己。在竞争中摸爬滚打长大的我们这一代深知，人生成功的途径多种多样，笑到最后才是真的人生赢家。

（图片来源 CFP）

本文发表于 2015 年 3 月 19 日

一个主任医生眼中的医患矛盾 雨霁天青

专家也不是万能的

我在沪上一家大型三甲医院工作。这里每天仅就诊人次就达 8000 人以上,再加上病人家属、来探望的人,每天医院里有几万人来来往往。

就诊量这么大,再加上对疾病的认知、治愈期望值不同等原因,医患矛盾自然少不了,一个月总有个一两起吧。虽然医院有专门的办公室负责接待处理,但还是有病人或家属不走这个程序,而是希望通过"闹"来解决问题。

很多人问,医患矛盾为什么这么大?从比较高的层面说,是国人缺乏对"生命""死亡"的正确认识。有些病人家属接受不了亲人去世,甚至觉得同样的毛病,为什么别人没死,就死了我的亲人?有的还会说,进医院时还好好的,怎么就死了呢?可如果真的是"好好的",又怎么会进医院呢?

在他们看来,来医院看病付了钱,就像花钱买商品——我花了大价钱,你就得给我最好的诊疗服务,最好的治愈结果。但治病不是修电脑,电脑修不好可以换,患者实在病入膏肓,医生也回天乏力,但有人就是不理解。

最近发生的好几起医患纠纷就是这样产生的。一方面家属花了大价钱为患者做手术,另一方面医生的确也已经尽力救治了,但患者家属接受不了最坏的结果,就冲到医院杀人,这让医生怎么办?

说到底,一些患者或家属对医生有一种非理性崇拜,觉得好不容易看到了一个专家,就把所有的期望都放在专家身上。一旦不如预期,就开始闹。但即使是再好的专家,也不是万能的。

医者担心无人可医

每次伤医案发生后,在行业内都会引起很大的震动。但直到现在,对医护人员的保护还是没有改善,暴力伤医事件一起接着一起:浙江温岭患者刀捅 3 名医生致 1 死 2 伤;曙光医院西院重症监护室被病人家属打砸;南京市口腔医院值班护士被打;广东潮州中心医院值班医生被患者家属押着在医院内游行……

　　每次听说这样的情况，我们医务人员都很愤怒，也很寒心，有人甚至建议医院搞个武术培训班什么的。可是，这能解决问题吗？

　　一位老专家感叹，曾经觉得医生这个职业最有意义，救死扶伤、治病救人。但现在，医生成了高危职业，执业风险巨大，因为不知道什么时候就会在手无寸铁的情况下莫名挨上一刀。

　　有小医生私底下说，如今看病走进诊室，会先看看诊室里有什么物品可以防身，走在医院里，拿本记录本放在胸口，以防止突然袭来的伤害。

　　有时和同行一起聊，经常在担心，未来我们自己是否会得到最好的医疗。为什么呢？在国外，医学院是精英教育，往往是最好的学生选择从事医学专业，但我们的医生安全面临越来越多的问题，让许多素质优秀的人都打了退堂鼓。结果，医学院招生的分数越来越低，我们医院招人也不得不降低标准。

　　还有就是优秀医学人才流失，有些非常优秀的博士生，原本可以成为很好的医生，但他们最终选择了去世界500强的医药器械公司，说是"要追求心的自由"。这实在令人惋惜又无奈。

　　现在，培养一个好的医生非常不容易，5年的医学院本科，毕业后要进行3年的规范化培训，接下来还要进行3年的专科医生培训，整整11年！比"十年磨一剑"还要厉害。艰苦的培训期收入低，出来还只是医院最底层的住院医生。

　　可以说，绝大多数的医生热爱自己的工作，是把这一职业当成一番事业来做的，但坚守确实很不容易。这种状况不改变，怎么能让人不担心呢？

　　现在，为防止暴力伤医事件发生，医院也不得不采取一些防范措施，比如有些医院已经配备了特保队员，大多是退役的武警军人。一旦发生突发事件，希望能更有效制止不法分子的侵害。有些医院接待办、门诊也预留出了"警亭"的位置，甚至在五六年前就尝试过配备退役的武警军人。

　　但是，我们作为医务人员心里也很矛盾：一方面希望医院用这种方式给医生们减轻心理压力，安心工作；一方面又觉得这样的做法把医生和病人放在了对立的位置，会加剧矛盾。事实上，医生和病人共同的敌人是疾病，只有站在同一条阵线上，才能挽救更多的病人。

大医院不堪重负

个人之见,医患关系发展到今天这个地步,绝非一日之寒,有许多深层次的原因。

比如现在大医院医疗资源紧张、人满为患,患者抱怨多多。产生这一现象的原因之一,是前面花了十多年的时间,把三级医院打造得强大起来,医疗水平在某些领域已经跟国际接轨,但造成的后果是逐渐弱化了一、二级医院的功能。

以前病人有毛病,先去就近的一、二级医院看,去大医院要有转诊单。后来提出可以"病人选医生、医院",完全打破了这一体系,只要患者愿意,就可以到北京、上海最好的医院看。

这样做的结果是,一二级医院的医生得不到锻炼,留不住人才,和三级医院的差别越来越大。同时,大的专科医院为了吸引病人,不断扩大,面不够加水、水不够加面,但仍难满足需求。北京、上海的一些大型医院,更是不堪重负。

现在你去看看上海的一些大医院,晚上 8—10 点几乎都是灯火通明,医生经常加班加点地工作,得不到好的休息,这样其实对病人也是不利的。有些患者指名要看某个著名专家,可能排队排到一年半载之后。这样高强度的工作,名专家也不一定吃得消。

不时有患者抱怨医生,我辛辛苦苦等了 4 个小时,你 4 分钟就把我打发了。患者或者家属心里有气,这很正常。但是医生愿意只看 2 分钟吗?医生坐诊看病,其实都要担责,他(她)也希望能时间看得长一些,仔细一些。

但另一个现实情况是,他给你多看一分钟,后面已经等了 4 个小时的人,又要等更长时间,别人乐意吗?因此,很多医生只能委屈自己,门诊时不喝水,免得当中上厕所被焦急等待的患者骂。

利益链条如何斩断

其实现在很多病人对医院累积的不满,一部分是对就诊体验本身的不满,还有很大部分是体制层面的原因造成的。

比如,多开药、多检查这一点,在全中国的医院都存在。为什么?现在任何一家医院的院长,不仅要为病人做好服务,还要自己承担起维持医院的正常运作的绝大部分开支。

最简单地讲,员工的奖金发不出,人才也留不住。所以医院不得不考虑经济效益问题,在迫于无奈的境况下,广泛实行的是院科二级管理,每个科室的主任签订责任书,实行的是每月科室的收入减去支出后20%作为科室的奖金。

在这种机制的驱使下,自然会出现医院想方设法吸引外地病人,科室之间争抢病人,甚至会出现个别的"小病大治"等过度医疗的现象。而且,医患矛盾多了以后,医院的检查费用越来越高了,因为医生需要通过足够全面细致的检查,来排除误诊的风险,这是一个恶性循环。

同时,由于医患环境不佳,会出现医疗风险高的疾病医院不敢接收的状况。

其实政府管理层也已经意识到了这个问题,希望把这个利润20%的利益链条给切断,提出考核一个科室收入,应该根据医疗的难度、风险、质量及病人的满意度等挂钩,而不是"营业额"。并对各家医院提出要求,营收增长要和GDP增长同步,否则将影响医院院长的年终考核。

问题是,大医院这几年的营收增长是远远高于GDP增速的,这也是病人的需要。而打破利润的20%是科室奖金这种分配制度,在各大医院的推行进度并不尽人意,医院间在相互观望,主要原因是政府的补偿、配套机制及统一规范的绩效考核细则还没有跟上。

我觉得要切实切断利益链条,这些配套应该抓紧跟上,否则就是又要马儿跑得好、又要马儿不吃草,难!

(图片来源:CFP)

本文发表于 2014 年 4 月 28 日

"大牛医生"不好当 | 慕 函

　　由上海医科大学(今为复旦大学上海医学院)、第二医科大学(今为上海交大医学院)、第二军医大学、同济大学医学院和上海中医大学等各大高校附属的各类综合性和专科医院,不仅覆盖了上海市民的就医需要,也吸引了全国各地的病患前来就诊。

　　在《2012年度中国最佳医院综合排行榜》中,进入前十的就有瑞金医院(排名第四),华山医院(排名第六),中山医院(排名第七),另外长海医院和仁济医院也进入了前二十。

　　术业有专攻。加上发展历史的不同,上海各大综合医院都有自己的"拿手好戏"。比如说起皮肤问题,大家都会想起华山医院。曾有坊间传言,华山医院一个皮肤科的收入占整个医院的30%。

　　事实是,科室每天有大批病人排队挂号,从挂号到见到医生基本要等上几个小时。科室掌门人项蕾红主任和傅雯雯主任,都是皮肤疾病方面的专家(特别是白癜风和痤疮领域),也因此"人满为患"是家常便饭。

　　而华山医院皮肤科也的确是业界良心。开的药膏大多数都是医院自制,价格低廉,全国闻名。比如治疗青春痘的黄色透明小药膏抗脂洁尔,还有八九十年代流行的治疗烫伤的绿药膏,都是深得"民心"的产品。

　　此外,华山医院手外科还以断指再植的妙术闻名遐迩。神经外科、神经内科、传染科、抗生素研究所,也都是具备非常强劲实力的明星科室。热播剧《心术》的编剧六六,就曾在华山医院神经外科(脑外科)"潜伏"多时搜集素材。

　　不过,即便最近两年医疗纠纷、伤医事件频频发生,但大多数人还是认为,医生是个美差。尤其是名医院的大牛们,收入高,社会地位高。其实大牛医生并不那么好当。一个医学生从博士毕业到执医前的轮转,从医后的职称晋升,都需要经历重重考验。目前医生都面临着临床科研双重任务,不仅要会看病,还要在学术领域有一定成就。

　　临床任务也不是简单的看病开药,它包括门诊、住院部(俗称病房)、医学生的示带教等等。科研任务也很繁重,申请经费、负责项目,一个都不能少,因为科研成果直接与职称挂钩。

　　一般,住院医生升到主治的必要条件是,要负责过国家自然基金的"青年基金";而主治升到副主任的话,需要负责过"面上基金"(国家自然科学基金研究项目系列中的主要部分,照顾的面比较大);要想升到主任级别,那要求就更高了——既要临床经验丰富,又要以丰硕的科研成果服众;而真正的大牛,在高超的专业素养外,还得要有很高的情商与医患沟通。

　　医生排班会在门诊或者病房。在门诊的任务,就是给不住院的挂号病人看病,值班的时候就是值急诊。一个医生的接诊量是惊人的,只规定最少接诊量,不设上限。一天几百号病人是家常便饭,主任和副主任的门诊是专家门诊,一个礼拜会有两个半天的"门诊任务",国家还规定了专家门诊的最短接诊时间不少于 10 分钟,一天不少于 40 个病人。

　　其实普通的小毛病,主任们和主治、住院医师看的效果没多少区别。只有在疑难杂症方面,专家才能发挥出优势和经验。患者动辄去挂专家门诊,有时也是一种资源浪费,不但需要排很长的队,也占用了重症病人的机会,但得病的人往往想尽一切办法要去好医院要找好医生。

　　在病房,医生们很少会有双休,一周休一天,甚至半天。一般都值 24 小时班,比如从当天早上上班要到次日早上交完班才能回去休息,称为夜休。值班不仅要应对急诊、收病人入院,外科医生有时还会有急诊手术。

　　在各个级别的医师中,主治医师是最累的,既要带好经验尚且不足的住院医师,门诊接诊量也最高,值班更是家常便饭。通往副主任岗位的晋升之路,往往漫长又曲折。

　　不少人认为医生们缺乏情感,表情冷漠,有些甚至态度很差。但在医生和读医科的人看来,医生本身就是需要严谨的职业,应该把绝大多数精力放在治疗效果上。但有的医院根据上级主管单位的要求,甚至要求医生微笑服务,用对普通服务业的要求来要求医务工作者,究竟是不是合适?

　　医生早已不是大家心里所想的体面职业,高收入和高社会地位的背后是超高强度的劳动。而当上"大牛医生"要付出的努力,更非常人可以想象。出于这些因素的考虑,我最后没有选择从医,但多年的实习经历中感受到的医生的生活状态,还是会让身边的人对医生多一点体谅和礼貌,少一点责怪和冲突。因为蛮横和暴力不但会影响医生的工作状态,也会耽误正常的救治过程。

本文发表于 2014 年 1 月 26 日

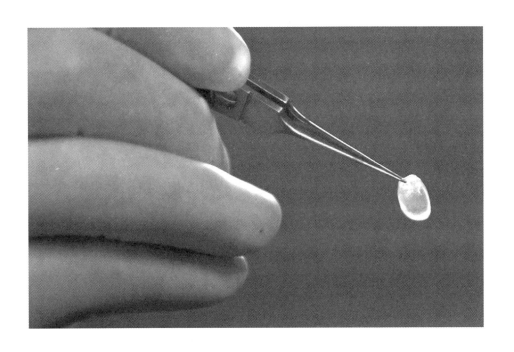

医生自述：角膜捐献，无尽的等待 | 陈庆中

有视觉的第二天,我要在黎明起身,去看黑夜变为白昼的动人奇迹。我将怀着敬畏之心,仰望壮丽的曙光全景,与此同时,太阳唤醒了沉睡的大地

——海伦·凯勒《假如给我三天光明》

不知尽头的等待

"铃——铃——"

"您好,眼科手术中心。"

"大夫,您好,我是XX的女儿,我父亲在你们这登记了角膜移植手术,已经一个多月了,请问什么时候才可以给我们做手术呀?"

"只要有人捐献,我们随时可以为您做手术。"

……

几乎每周都要接到好几个类似的电话,每当这个时候,我都会尽可能耐心地解释情况,给予他们最大程度的安慰,然后——让他们继续等待。

是的,继续等待。

说起来很无奈,我们作为上海市仅有的三家具备角膜移植资质的医院之一,理应为更多这样的患者带来光明,理应成为患者复明的希望。然而,现实情况却是,我们不得不一次次让患者继续等待、等待。

原因也很简单,就是角膜供体供不应求。尽管我们每天都有角膜移植专员24小时待命,手术室也24小时为角膜移植开放,没有角膜供体,也是难为无米之炊。

奇缺的眼角膜供体

为什么一个角膜竟需要患者等待如此之久?

这是由供求比决定的。在中国,角膜病居致盲性眼病的第二位,仅次于白内障。据2006年第2次全国残疾人抽样调查统计,中国因角膜病致盲的患者约有400万人,且以每年超过10万例的速度不断增加。400万人什么概念,相当于整个徐汇区常住人口总和的4倍!

我们拥有如此庞大的角膜需求量,而实际上我国每年实施的角膜移植手术不

到 5000 例,不及每年新增患者数的 1/20。

这也意味着,在中国,每年角膜盲患者等到角膜的平均概率只有 1/1000 左右。更有甚者,我国中西部一些经济相对落后的省份和地区,角膜移植领域至今仍处于一片空白的状态。

需求如此之大,角膜供体却十分紧缺。最主要的原因是——没人捐。

2015 年 1 月 1 日起,我国全面停止使用死囚器官。这也就意味着,现在所有的器官移植,都要依靠个人的自愿捐献。由于目前我国尚未对角膜捐献立法,加上我们"身体发肤,受之父母"的传统观念的影响,我国的角膜捐献远远不能满足患者的需求。

角膜材料供求之间的巨大差距,不仅严重限制了中国角膜移植手术的发展,也让数百万患者为了一丝光明陷入了无尽的等待之中。

他们的选择

尽管受到传统观念的影响,仍然有不少人作出了捐献角膜的选择。与这些捐献者接触,常常让我为他们的无私感动。

说说我印象特别深刻的一次角膜捐献吧。那天中午突然接到院里下达的紧急任务,要求我立刻动身前往郊区某医院,将那里一位捐献者的角膜取回来。

一路上我都在想,这会是一位怎样的患者?是什么让他(她)作出了捐献器官这样伟大的决定呢?

到达郊区医院的时候,我发现电台记者也到了,这意味着本次的捐献者身上一定有特别的故事。患者到底是什么样的人?

当我打开捐献者的病历时,发现病历首页赫然写着"女,23 岁"。我心中一震:"这么年轻!"后来我才了解到,这个女孩是家中独女,在上海读大学,还差几个月就要毕业了。由于她患有脑血管畸形,在一场突发的脑溢血后,住进了医院。

千里之外的父母接到消息后立即赶来,迎接他们的却是一纸病危通知,他们甚至没机会与女儿再说上一句话。无法想象,这对父母将以怎样的悲痛去承受如此噩耗,这样的晴天霹雳足以击垮任何一对父母。

然而令人敬佩不已的是,这对从外地千里迢迢赶来的父母,在接到孩子的病危通知书后不久,共同作了一个伟大的决定:捐献女儿的眼角膜。

他们主动联系了医院,在医院和红十字会的共同努力下,完成了这次角膜捐献工作。这枚珍贵的角膜很快拯救了一位由于角膜穿孔而失明的患者,使他得以重见光明。

对于我们这些医生来说,捐献角膜只是一个决定,而对于患者来说,那却是一个未来,一个新生。上周我还见到了那位接受了女孩角膜的患者,看着他的眼睛,我就仿佛看到了那个年轻女孩生命的延续。

但是,并不是所有的角膜捐献都能如此顺利。

有一次,我和同事又接到了角膜捐献的任务。同往常一样,我们第一时间赶到患者所在的地方。可是到了现场我们才知道,捐献者家属内部产生了分歧,一部分主张捐,一部分坚决反对。

红十字会和与医院积极地与他们进行沟通和劝导,本来一切都按着常规的程序在进行着,突然间,家属们对我们的身份产生了怀疑,要求我们必须提供自己的医师资格证书和执业证书。

当时的我们真是哭笑不得,有哪位医生会随身携带这两本证书呢?何况在这样紧急的任务下,我们经常连饭都顾不上吃就赶来,怎么可能会记得带上这两本证件?

但是家属非常坚持,无奈之下,我们只好又打车回家,将各自的"两证"拿好,拿给家属们看。这一折腾,差不多就2小时过去了。

家属们看了我们的证件,仍然将信将疑,总担心我们是"贪图"他们亲人的器官,想从中"牟利"。

时间一耗就是几个小时,眼看时至午夜,家属们居然又开始怀疑起红十字会工作人员的身份来。最后,百般解释无效之下,我们只得放弃了这次捐献。

作为一个器官捐献工作者,这样的无功而返并不少见,除了极度的疲惫之外,更让人难过的是,家属对我们的不信任。不过,只要能让那些身处黑暗中的患者重新进入光明世界,这样的辛苦和误会也不算什么。

　　而我和我的一些同事,已经有了自己的决定:如果将来有那么一天,我们都会第一时间捐出自己的眼角膜,这将是我们生命的延续,也将是重获光明者的福音。

(图片来源 CFP)

本文发表于 2015 年 11 月 16 日

二孩放开,女性求职会更难吗 | 彭晓芸

你会生二胎吗？

全面二孩政策出来的当晚，朋友圈就有未婚女性朋友调侃说："恭喜已婚已育一孩的女性们终于和我站在了求职同一起跑线上。"我说，以后已育一孩者求职，是不是还得写不生二胎保证书啊？

这是嬉笑之言，却也是社会现实。生育的生理负担落在女性身上，连同长久的抚养责任也主要落在女性身上，这导致职场对女性母亲身份的极度敏感。

一位男性求职者，几乎没有多少人在乎他到底有没有孩子，是否当了父亲；而女性求职者，未生育的，会被忧虑"她会不会一来就生孩子啊"，已生育的，会被关注孩子多大了、是不是在脱不开身的阶段。现在，孩子已经大了的女性，还面临着另一种关切：你会生二胎吗？

而一个现实的问题是，我身边一些有孩子的女性，的确会因为孩子在工作上有所妥协。对她们来说，有了孩子尤其是二孩之后，最理想的工作是相对稳定、轻松、可以兼顾带孩子功能的工作，而不是继续冲刺在职场前沿。为此，即使现在的职业遇到了瓶颈，她们也很少轻举妄动去一个全新的环境开始职场打拼。毋庸置疑，这样的选择必定会影响他们在职场的综合表现。

自由与责任的博弈

生育的生理功能由女性承担，此为天生我才必有用，且不抱怨，何况不能亲自生孩子的男性也有心理落差呢：亲子关系上，女性占据天然优势，男性必须付出巨大努力才能获得子女认可；两性关系上，女性占有特殊"人才"优势，因了生孩子这一天赋，很多男性甘愿服从女性主导的性别关系规则，交出经济自由权和情爱自由权，统统归孩子妈掌管。

可是，人们又要问，如果不是以婚姻制度来约束、限制男性的自由，那女性承担母职的辛苦去哪里找补呢？

这提出了一个很值得推敲的问题：人类为了繁衍和生育后代付出的个体自由代

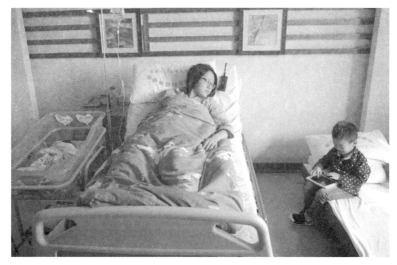

浙江嘉兴市5岁的孔佑年还不能接受妈妈三天前生了小弟弟的事实,不时发着脾气。

价,有没有一个物极必反的临界点,导致两性对个体自由与生育价值的全盘反思?

事实上,反思已经在发生。而且,不仅仅是男性通过解除婚姻来反抗生育捆绑的个人情爱自由,女性也在权衡独力承担生育及抚养责任与依赖婚姻之间的利弊关系。不乏一些女性认为:独自抚养孩子比忍受婚姻制度对女性的剥削更划算。

随着医学的发达以及社会化服务的完善,生育和抚养行为的风险及难度在降低,女性独力养育孩子不再是不可能的事情。这时候,两性的关系面临着新的调整,自由与责任,你的天平倒向哪一端,另一端的担子就可能重一点,但男人女人中,"为自由故,心甘情愿承受更多"者不乏其人。

以笔者来说,当年为了独自带大孩子,我曾经尝试"达芬奇睡眠法",每次只睡几个小时,保持高度警觉,偶尔瞌睡一下就精力充沛。同时谢绝一切社交,确保思考的时间和带孩子无缝衔接。

为了省钱,我只给儿子上了一年半的幼儿园,其他时间都是自己带着,包括户外运动和利用社区满足孩子的小伙伴社交需求。幼儿园一个月学费四五千,一些便宜的我实在不满意,还不如自己带。

社会该为二孩放开做什么

两性在为自由与责任的分摊而博弈着,那么社会呢? 社会的制度环境是否对两性公正、对生育行为友好,就成了一个关涉公义的事。

一方面,我们应当警惕那种转嫁社会福利责任给男性个体全面接盘的思维。如果要求男性为了生育放弃一辈子的情爱自由,一部分男性会要自由而不要生育,也有一部分男性会选择与更独立的女性生育,从而不以生育为筹码承诺放弃一生的情爱可能,这部分人最有条件实现生育功能与情爱自由的分离。

另一方面,社会应当为个体自由与尊严的实现提供公正的福利措施,既不要以钳制个人自由为代价,也不要将某一个性别付出的额外代价美其名曰为"文化传统"固化下来。

这首先就体现在职场文化上,如果因为计划生育松绑而给女性已经处于劣势的职场竞争增加压力,那么,人类的生育自由权的实现就附着在性别不公正之上,那可谓是方向性错误,对职场女性是"雪上加霜"。

事实上,这对男性也不会是什么好事。女性要么因此变得更加不愿意生育,要

么变本加厉地在私人领域控制男性的意志自由,谋取生育保障和补偿。如果是这样,人类的生育成本没有随着经济发达而降低,反而在精神自由的层面上变得越来越奢侈,那与鼓励生育的政策可谓是背道而驰。

因此,从现在开始,政府与机构应当在全面二孩政策公布的同时,也出台相应的制度配套和福利措施,保障女性在承担更多次的生育职责的同时,不至于在职场竞争中进一步滑落到低谷。否则,那些"野心勃勃"的职业女性将很有可能放弃二孩,而所谓"全面二孩"的松绑,将无法实现其增加生育率的目标。

(图片来源 CFP)

本文发表于 2015 年 11 月 2 日

放开二孩,决策者在考虑什么 | 启 石

全面二孩政策将保持稳定

全面二孩政策终于落地。

各种喧嚣之余,比较五中全会和三中全会的表述,可以看出计划生育政策调整的决心和步子很大,但依然保持了一贯的严谨和谨慎。

在笔者看来,除了"单独二孩"到"全面二孩"的明显转变,不那么明显的是三中全会公报里"逐步调整完善生育政策"的表述已经悄然消失,这或许意味着未来相当长一段时间内全面二孩生育政策将保持稳定。

事实上,世界上几乎所有正常运行的政府都在搞计划生育(Family Planning),包括优生优育、生殖健康、家庭和谐、科学避孕、母乳喂养诸多方面。中国在这些方面工作做得很多,只是在过去相对严格的生育政策下,计划生育看上去控制人口的成色更浓,当生育政策逐步宽松之后,计划生育将更多地回归其本来含义。

积极应对老龄化行动

"积极开展应对人口老龄化行动"首次写入公报,意味着这个问题得到了前所未有的重视。

直到目前,全国老龄委办公室还是设在民政部,扶老助贫的意味更浓。现在的表述,意味着党已经将老龄化问题上升到人口发展战略的高度,从整个国家经济社会发展的角度考虑和谋划这个问题。

中国的老龄化，用30年走完了发达国家上百年的历程，速度之快始料未及。人们往往很容易把原因归因于计划生育，但计划生育的影响其实并没有想像的那样大。

如果比较中国和日韩等邻居的生育率曲线，中国的下降角度并不陡峭太多。经济发展和城市化对于降低生育率的作用，比计生干部更大。

还有一个常被忽略的原因，中国人的寿命延长得太快，从新中国成立到现在翻了一番，同样走过了发达国家一两百年的历程。如果中国人均预期寿命还是新中国成立初期的35岁，或者改革开放初期的65岁，那中国就根本不存在老龄化问题。

每个人都希望活得更长，那么老龄化就是个必须要接受的副产品。如果老年人的健康寿命更长的话，老龄化也不是个那么可怕的问题。

古人七十老来稀，今人七十开飞机。比起让1.65亿活跃育龄妇女（20—34岁，到2030年将下降到1.12亿）每年多生一两百万孩子，让2.12亿多老年人更健康地多工作、生活几年更能解老龄化的"近渴"。

养老金的缺口可以靠延迟退休弥补，但是如果中国人活到五六十岁就普遍病病歪歪，这一政策就没办法实施。五中全会公报里，人口政策的前面就是同样首次出现在公报里的"健康中国"，其用意深远。

二孩为何是逐步放开？

既然对缓解老龄化有作用但不是很大，那为什么要在短短两年之内全面放开二孩呢？

国家卫生计生委昨晚第一时间发布的官方口径是这样说的："进入新世纪，我国人口发展呈现出重大转折性变化。人口总量增长势头明显减弱……家庭养老抚幼功能弱化，少生优生成为社会生育观念的主流。"

换句话说，多数人并不想多生，放开二孩也增加不了太多人口，那又何必继续把数量管得死死，带来经济成本和道德成本呢？在当前财政收入增长空间非常有限的情况下，要增强百姓对全面小康社会的"获得感"，大幅度增加社会福利显然不现实。放开二孩管控惠而不费，是非常好的政策选择。

何况,虽然对于国家整体来说,放不放开二孩影响不是很大,但对很多家庭来说能不能生二孩是天大的事情。家庭有了更多自主权,也就容易有更多的责任感,更好地衡量生孩子的风险与收益,男多女少的状况会有所好转。

那么之前只放开了单独二孩,而不是一下子全面放开呢?

很不巧,开始调整完善生育政策的时候,中国赶上了两个高峰:城市化高峰和生育高峰。

城市化让几亿农民进城,城市相关的服务本已滞后于居民数量。"80后"出生时恰逢第三次人口高峰,每年出生人数都超过 2000 万,当下这批人进入生育年龄,第四次高峰也如期而至。放开"单独二孩"前的 2013 年,出生人数已经比 2003 年多了 41 万,放开单独二孩后,2014 年比 2013 年又多出了 47 万,预计 2015 年出生 1800 万,为新世纪以来最高。

每年多出来几十万上百万人口,不会太影响中国人口总数,却会很影响部分地区的幸福指数。以北京为例,目前单独二孩申请量已经超过 5 万,这相比每年 20 余万的出生人口数可不是小数,直接后果就是生孩子难,进医院如同打仗,大医院走廊里加床都住满产妇;学区房价格暴涨,不到十平米的小房卖出数百万天价;月嫂费用水涨船高……

仅仅放开单独二孩尚且如此,若一下子全面放开对于社会稳定的冲击可想而知,"大礼包"变成了"炸药包",这是政府和全社会都不希望看到的局面。笔者认为,这也是生育政策调整至今仍十分谨慎、步步为营的最可能原因。

最近几年,媒体很喜欢给养孩子算账,把一个孩子养到成人的费用从几十万到数百万不等,如果从纯粹经济的角度讲,养孩子很大概率上是只赔不赚的买卖。

目前来看,针对人口数量的政策调整可能趋于稳定,对于提高人口质量的举措将不断加码,从生殖健康、出生缺陷预防、早期教育、托幼培养直到各种学历教育。为了实现"人口长期均衡发展",近几年短板已经有了改善,未来也将更值得期许。

(图片来源 CFP)

本文发表于 2015 年 10 月 30 日

中国和加国，哪里看病更难？｜十一月花

前段时间一部电视剧《医者仁心》因为真实展现了看病难的现象，据说引起了很多共鸣。在不少内地朋友心中，欧洲与加拿大的全民免费医疗体系简直像一个传说：英国、德国看病可以报销路费；加拿大住院不花钱、医院包三餐还可以免费请看护……

不过，以我的亲身经历和所见所闻，欧美的医疗并非人们想像中的那么美，国内看病也不是人们以为的那样难。

看专家等半年

中国人常说"挂号起五更，排队一条龙"，其实真正难排队的，是三甲医院。如果你去社区卫生服务中心，基本不用排队。即使是北京协和医院等全国最好的医院，排上一个星期，也能看上国内顶尖的医生。这样的"等"，与在加拿大看病相比，真是小巫见大巫。

到加拿大后第一次看医生，到相当于国内社区诊所的 walk-in clinic，等了近一个小时见到了医生，医生给开了血检。在国内，即使是最基层的社区诊所也配备了基本的血检、B超、心电图设备，而加拿大的诊所里这些设备一概没有，必须得到独立的 lab 里去做。坐公交车赶到 lab，发现里面坐满了排队的人，只得乖乖二次排队，又是一个小时。

国内医院三小时可以拿到血检结果，最快的只要半小时。在加拿大，血常规这样的简单血检，两三个工作日才能出结果，复杂些的血检，则需要等上一周左右。检查结果自己一般是看不到的，由 lab 直接传回诊所，医生看了有问题才会给你打电话，再去诊所第三次排队。如果医生认为还需要做其他检查，又如此这般循环一番。

更无奈的是急诊不"急"。有一次老公打冰球，摔伤了眉骨，愣是在急诊里流着血等了八个小时。免费医疗系统的原则，就是把有限的公共资源留给最需要它的人，所以它的优先级并非按先来后到，而是按"没流血的让给流血的，不要命的让给要命的"。

按照这样的优先级原则，如果得了不要命的慢性病，需要看专家，那就慢慢等吧。两三个月是基本的,半年也属正常。对比之下,国内做 B 超等一个上午算是高效极了。不同的是,加拿大是通过预约的方式让你在家等。

第一次经历这样的等待,是因为要做膀胱镜。等了三个月见到专家,再预约膀胱镜,又等足了一个月。医生看着我无奈的脸,好整以暇地说:"Well, you are not dying(你又死不了)"。有了这样的经验,老公再碰上等三个月做一个腹部 B 超的事时就淡定了许多。

医疗保险价格不菲

加拿大是强制性全民医保的国家,不论持工作签证、学习签证还是永久居民枫叶卡都必须买医疗保险。"看医生、住院、手术不要钱,处方药报销 80%"的美好福利,都是建立在不菲的医疗保险上的,所谓"天下没有免费的午餐"。

拿温哥华来说,最基础的医疗保险叫 MSP,每个人都必须买,每个月直接从工资里扣 120 多加元。此外,公司还帮我们买补充医疗保险和牙医保险,每个月 230 多加元。我和老公两个人加起来,每月的医疗保险费用高达 350 加元,一年则是 3800 加元,相当于 22000 元人民币。而加拿大的医疗保险,在欧美国家中还算是便宜的。

医疗保险 MSP 有三个月的等候期,第一次登陆加拿大,必须等三个月才能享受医保;离开加拿大 6 个月以上回加,必须重新等三个月;换工作如果衔接不紧密也有可能出现医保的空窗期。

如果你很不巧在这期间需要看医生,才会真正明白什么叫"看病贵"。我便这么"很不巧"了一回,在诊所里和医生见一面便被收了 80 加元,再做了一次最基础的腹部 B 超,价格是 200 加元,着实让我体会到了没有医保的"贵不可攀"。

加拿大的药费也不便宜。比如说非处方的感冒药在 15 加元左右,而处方药即使报销了 80% 以后,依然比国内贵了 3 到 10 倍。有一回医生给我开了一个疗程的抗生素,报销后仍要 40 加元,报销前的价格高达 200 加元。

看牙就更贵了。加拿大并非人人都有牙医保险。没有保险的话,洗一次牙 200 加元,一个日本朋友拔了几颗牙,花了 1000 多加元。无怪乎在欧美,穷人是看不起牙的,牙医保险被视为中产阶级的象征。

医生都很"淡定"

国内医生有个很受诟病的做法,就是有用没用的检查开一大堆、一个小感冒也挂点滴,而加拿大的医生则走向了另一个极端。因为免费医疗是公共资源,不能浪费,所以医生们都是"淡定姐"、"淡定哥",在开药开检查的时候可说是非常"吝啬"。

记得有一次我咳到晚上睡不着觉,自己觉得实在难受才跑去看医生,等了一个多小时,结果一见到医生傻了眼,对方戴着一个大口罩,咳嗽得比我还厉害。她奇怪地问我:"Why are you here?(你来干嘛的?)"药都没给开就让我回去了。有个朋友做完门诊手术,医生连消炎药都不给开,只说"有需要再来"。

加拿大非常鼓励生育,但是对待自然流产的态度却又非常之淡定。医生认为每次怀孕都有 30% 的几率流产,一次两次出现流产,医生不会开任何检查,只有连续三次出现流产,才需要做病理性检查。这些做法且不论好坏,放在国内,八成会被扣上顶"麻木不仁"、"草菅人命"的帽子,少不得跟医生理论几句。

小毛病不上大医院

有趣的是,看病能找出不少毛病的欧洲和加拿大,人们对于本国医疗体系的满意度却不低。在一项由"哈里斯互动"公司开展的医疗体制满意度调查中,只有 12% 的加拿大人认为本国医疗体制需要大的改革。

也许你会说,这些国家人口少、资源多。更有意思的是,中国有约 250 万执业医生,约占总人口的千分之二;加拿大有执业医生约 7 万人,占总人口的比例也约为千分之二。同样的医患比,为什么中国人对于看病难的感受特别强烈?在我看来,加拿大医疗体系不少做法或值得参考。

在加拿大,如果生病了,先找家庭医生或是上 walk-in clinic(社区诊所)。Walk-in clinic 的规模都很小,一般由四五个医生组成,小一点的可能只有一两个医生,远不如国内社区诊所的规模。家庭医生和 walk-in clinic 里的医生都是全科医生。

如果全科医生觉得有必要,由他们开单子转诊到 specialist(专科医生),专科医生若觉得实在必须,再转诊到大医院。这是看病必须遵循的程序,想直接上大医院?对不起,根本没门。

正是因为社区诊所做好了守门员的工作,80％的病人可以在全科医生那里得到治疗,只有20％的病人需要见专科医生。加拿大非常重视全科医生的培养,全国7万名执业医生中,51％是全科医生。

相对的,根据卫生部的数据,在中国250万执业医生中,只有不到8万名全科医生,比例仅为3％。有调查显示,中国大部分病人的首诊在综合性大医院完成,大量的稀有资源浪费在了简单的疾病上。

在国内,在医院混乱嘈杂的环境里耗上一天着实让人郁闷。在加拿大虽然实际等候时间比中国长得多,但因为见专科医生或者去大医院都必须预约,干耗在医院里的时间并不长,且控制了候诊人员的数量。少了国内大医院里挨挤、大眼瞪小眼的等候,人也比较容易心平气和。

在加拿大,药物和检查独立于医院存在,见一次医生80加元的高额收费也保证了医生的收入,因此医生不会开不必要的检查或是药物。血检、B超、心电图等检查都是在专业而独立的 lab 里完成的,任何医生都有权限查看所有的检查结果,并且信任这些结果,因而这些结果在各个诊所、医院通用,避免了重复检查。

高学历严准入

在英语里,医生和博士的单词是同一个——"Doctor"。在加拿大的医院里,只要被称为某某医生,他的学历一定是博士。在欧美,医学和法律专业只向最顶尖的学生开放,而拿到医学博士学位之后,还必须经过住院医生的培训才能行医。

这个过程最短的是全科医生,培训期为两年,专科医生都在三年以上,有的甚至可长达六年。一切都顺利地话,一个人可在28岁拿到医生执照,但绝大多数人都在30岁以后才能独立行医。

这样严格的准入制度,保证了医生整体的水平。即使是在只有几个医生的社区诊所,给你看病的医生也是医学博士。当然水平也有参差,我也碰到过在问诊的时候不停查资料的医生。但瑕不掩瑜,总体来说不必担忧到小诊所碰不到好医生。

以上所说的这些做法,或许目前并不适合中国国情,但有些流程却是能改进的。有一次,母亲在国内就医时,因为拿错 CT 报告被误诊为脑出血,着实把一家人吓得不轻。其实在加拿大这样的误诊按理说出现的几率更高,因为看病的流程被细分,常常问诊的是一个医生、量体温的则是另一个医生,待到抽血拍 CT,医生已经走马灯似的换了好几轮。

但所有的医生都遵循一个"标准流程",那就是首先必须跟患者核对姓名和生日,就避免了这种误诊的荒谬结果。所以在加拿大看病的时候,我得不厌其烦地报 n 次自己的姓名生日。

还有一个朋友感慨地对比在国内和加拿大生孩子的经历:在国内产房里,医生皱着眉头骂她"叫什么叫,谁还没生过孩子";在加拿大的产房里,医生带着笑容鼓励她"Wonderful, you are doing great!(太好了,你做得很棒)",这句话是加拿大医生和护士的口头禅。也许问诊的时间仍然只有 5 分钟,但这些"举口之劳"会让病人的感受截然不同,将矛盾消弭于无形。

(图片来源:CFP)

本文发表于 2014 年 5 月 16 日

美国看急诊，钱包比病更着急 ┃张梦麒

"平民版"医保方案

　　前几天在《上海观察》看到美国人在上海看急诊的经历，忍不住想说说我在美国看急诊的故事。作为一个中国人，其实在美国看病也有诸多不适应，其中以看急诊最为印象深刻。

　　刚到美国，办好医保手续没多久，我们一家就半夜造访了美国医院的急诊室。那天晚上10点多钟，还有10几分钟就要睡觉了，正在卧室一起玩的两个孩子突然都哇哇大叫了起来，妹妹更是哭得上气不接下气的，我跑过去一看，原来两个人推门玩儿，结果哥哥力气大加上不小心，把妹妹的手指头给夹在门里了。

　　伤势看起来蛮严重，除了破皮，妹妹的整个食指都变成了紫红色。我马上叫上老公，抱起儿子女儿，一家人浩浩荡荡地向医院赶去。

　　当初来美国，老公的公司提供了两套医保方案，分属两家不同的医疗保险公司。其中一套方案是"平民版"，每月员工需要自付400多美元的保险费用，虽然"便宜"但是可选的医院只有一家综合性大医院（规模类似国内常见的仁济、瑞金医院之类吧），综合性医院往往同时接受穷人的医疗保险，给低收入者看病；另外一套方案略贵，除了公司补贴，每月还要自付500多美金，但是可以选择众多高大上的私人诊所，这种诊所基本不接收低收入者就诊。

　　这样的保险方案，可能中国人会觉得太贵，但其实在美国，多数大公司的保险方案都和这个差不多。我们还有完备的牙医保险，这可是让很多美国人羡慕的高

福利哦。

对着两个方案,我们夫妻俩讨论了一下,觉得这几年大家都年富力强的,貌似也用不上专家问诊,综合性医院足够,另外两套保险方案每过一年可以自由切换,不满意明年还能调整,犯不着一开始就每个月多花 100 刀的冤枉钱。所以最后,我们选择了综合医院的医疗保险。

愉快的就诊经历

我们选择的综合医院在本州开有许多分院,每个分院的规模都和国内的大医院差不多,离家最近的开车 10 分钟就能到。我们一路狂飙,很快就赶到了医院的急诊区。

在美国医院看急诊,其实和国内还是挺像的,也是一个候诊大厅。不同的是,一进门就有护士招呼,上来还没挂号呢,就先给孩子量体温,了解病情,再往没受伤的指头上夹个夹子,连上个可移动的监测仪器,监测心跳和血压。

我在一边抱着孩子配合护士做检查,老公自觉地跑到另一边就给孩子挂好了号。惹了祸的儿子也给妥善安置了一下,发了本故事书,在一边的小桌子旁边读故事。

在美国,看门诊需要和医生提前预约时间,在规定时间到医院就诊,挂完号以后还要在候诊室里等一会儿。如果你是准时到达的,几乎不用等待,很快会有护士带你到诊室去见医生,但如果晚了一两分钟,医生就会给下一位病人诊疗,等到有空再来看你,这样如果运气不好,等待半小时以上也有可能。

看急诊不用预约,随到随看。其中还发生了个有趣的插曲:负责接待我们的护士看了监护仪,发现女儿心跳过快,达到了每分钟 120 多下,马上着急地给医生打电话,询问到底怎么回事。

我心想不就是小朋友受了惊吓,哭了一路的原因么,这个连我都知道。可护士还是连打了三四个电话给不同的医生,确认了好几回,才一本正经地回头告诉我:“医生们都认为应该是孩子急哭造成的心跳过速,你千万不要担心。”我私下想,其实我真没担心这个。

　　强迫症护士安慰完我们,继续大显神威打电话,跟医生们说接诊了一个很小的孩子,整个候诊室就属我女儿情况最不稳定(因为她心跳过速还在哭嘛),必须马上接受治疗。然后,大概两分钟以后,她回头告诉我,诊室准备好了,可以马上就诊。

　　我们一走进急诊诊室,就意识到这里和门诊诊室不完全一样。门诊诊室里有一台电脑,一张就诊床,再加几张椅子。急诊诊室大得多,里面有手术台、无影灯,旁边一整面墙那么大的柜子里各种医疗器械,各种管子、药物、绷带,连拐杖都有。

　　一个金发碧眼的女医生急匆匆走了进来,她拉着我女儿的手观察了一会儿,按了几个地方,问了一些问题,比如孩子的手指被卡在门里多久啊,把她手指松开的时候门是不是需要用力才能推开啊,现在有几个手指可以活动啊等等。然后建议女儿去拍个 X 光片确诊。

　　护士马上带老公抱女儿去急诊放射科拍片子,一刻钟左右,老公带女儿回来了,大家坐在诊室里继续等。又等了五分钟,医生过来,这次她的表情轻松愉快,她打开诊室里的电脑,把屏幕推到我们面前,屏幕上立刻出现了孩子刚拍好的 X 片。

　　医生指着屏幕给我们讲解手部的结构,哪个部位哪个组织负责什么功能。她先从血管讲起,分析从哪些现象观察(比如皮肤表面的颜色、水肿消退的程度),可以了解到女儿的血管没有受到损害;然后讲神经,结论也是没问题;最后说骨头,她指着指骨之间的一个小白点说这块是软骨,软骨没有受伤,大骨头也完好。讲解完,她轻声细语地问女儿,要不要打印一张 X 光片留作纪念。女儿一下就开心地笑出了声。

　　医嘱是回去继续休息,不用开药。临走医生顺便还安慰了一下闯祸的儿子,说:"我知道你爱妹妹,肯定不是故意的,但是下次要小心。"

小意外的结局

　　离开医院的时候,我觉得这真是一次相当愉快的就诊经历,医院干净明亮堪比宾馆,医生护士急我所急胜似家人,就诊过程里没有任何一个医护人员跟我说"付完费再检查”这种话……然后我就随口问了一下老公：刚才一共花了多少钱？老公说：100美刀。

啊?！可是，我们不是有医疗保险么；我们看门诊的挂号费不是只有10美刀么（我记得国内医院急诊挂号费只比门诊高几块钱啊）。

老公说：“就是因为有保险，所以才一共收了100刀，最起码人家拍片什么的检查费一分没收你吧。”

我还是觉得贵，100美刀，如果去超市，可以推回普通美国家庭一家人一周的食品（含肉）。十几块人民币的话，在中国，买不到啥吧？

后来我听了一个广播节目，说有个老美，参加长跑活动的时候扭脚了，有个逗比的热心路人把他送到附近诊所去拍了个片，接着慈祥的医生还说，要给他开药什么的，继续治疗。好在这时，老美的浆糊脑子突然恢复了清醒，他果断拒绝，夺门而跑，回家休息了一段时间，就也康复了。没想到，过了两周，诊所给他寄来了账单，诊疗加拍片，他需要支付2200美金，无法使用保险！

好吧，美国的医疗价格，真真是惊呆了我。我于是下定决心，轻易不去看急诊。有一天我半夜发烧，实在难受，要在中国早去医院开个药挂个水啥的了，可是我在美国。我给正在上班的中国医生同学发了求救短信（时差是个好东西），她告诉我，暂无性命之忧，于是我放心地喝了一肚子水（美国医生没事就建议你多喝水），上网预约了第二天上午九点的门诊。

第二天，我的病几乎完全好了，我如约花10美刀见了见门诊医生，与无比耐心、无比和蔼的她东拉西扯地练了半小时英语听力和口语，拿回“继续大量饮水”的医嘱，没有开药，高高兴兴地回家了。

本文发表于2014年10月2日

图书在版编目(CIP)数据

申喉4855·世态/上海观察编.—上海：上海三联书店，
2016.2
ISBN 978-7-5426-5457-1

Ⅰ.①申… Ⅱ.①上… Ⅲ.①社会生活－史料－上海市－近
现代 Ⅳ.①D693.9

中国版本图书馆 CIP 数据核字(2016)第 011348 号

申喉4855·世态

编　　者 / 上海观察

责任编辑 / 陈启甸　郑秀艳
装帧设计 / 张志凯
监　　制 / 李　敏
责任校对 / 张大伟

出版发行 / 上海三联书店
　　　　　(201199)中国上海市都市路 4855 号 2 座 10 楼
网　　址 / www.sjpc1932.com
邮购电话 / 021-22895559
印　　刷 / 上海展强印刷有限公司

版　　次 / 2016 年 2 月第 1 版
印　　次 / 2016 年 2 月第 1 次印刷
开　　本 / 710×1000　1/16
字　　数 / 200 千字
印　　张 / 16.5
书　　号 / ISBN 978-7-5426-5457-1/D·310
定　　价 / 45.00 元

敬启读者,如发现本书有印装质量问题,请与印刷厂联系 021-66510725